图书馆阅读推广与读者服务研究

高岚 著

中国民族文化出版社

北　京

图书在版编目(CIP)数据

图书馆阅读推广与读者服务研究 / 高岚著. -- 北京：
中国民族文化出版社有限公司,2023.11

ISBN 978-7-5122-1820-8

Ⅰ.①图… Ⅱ.①高… Ⅲ.①图书馆－读书活动－研
究－图书馆服务－研究Ⅳ.①G252.17②G252

中国国家版本馆 CIP 数据核字(2023)第 218068 号

图书馆阅读推广与读者服务研究

TUSHUGUAN YUEDU TUIGUANG YU DUZHE FUWU YANJIU

作 者	高 岚	
责任编辑	赵 天	
责任校对	李文学	
出版发行	中国民族文化出版社有限公司	
地 址	北京市东城区和平里北街 14 号	
邮 编	100013	
联系电话	010-84250639 64211754(传真)	
印 装	三河市嵩川印刷有限公司	
版 次	2023 年 11 月第 1 版	
印 次	2025 年 1 月第 1 次印刷	
开 本	710 mm×1000 mm 1/16	
印 张	12.5	
字 数	200 千字	
书 号	ISBN 978-7-5122-1820-8	
定 价	68.00 元	

目　录

第一章　图书馆概述

第一节　图书馆的概念和构成要素

一、图书馆的概念

人们普遍认为：①图书馆是专门收藏图书资料的机构。②图书馆收藏的图书资源是提供人们使用的。可见，图书馆主要由收藏和利用两个部分组成，收藏与利用构成了图书馆的本质特征。

公共图书馆是由社区通过国家、地方政府或其他社区组织建立、支持和资助的图书馆。它向一个社区的所有成员——不管其种族、国籍、年龄、性别、宗教、语言、身体条件、经济及就业状况如何——平等开放，通过向社区成员提供各类资源和服务，使他们可以获取知识、信息及创作类作品。[1]

二、图书馆的构成要素

关于图书馆的要素，有一个发展过程。我国较早提出图书馆"要素说"的有陶述先先生，他认为图书馆的重要要素有书籍、馆员和读者。不过，也有人认为图书馆有书、人和法这三个要素。书指的是图与书等一切文化记载；人指的是读者或阅览者；法包括设备、管理方法与管理人才。三个要素之间形成"三位一体"的关系，这种观点是以书、法、人的次序来解析图书馆事

---

[1] 出自 2001 年国际图书馆协会联合会（简称国际图联或 IFLA）出版的《公共图书馆服务指南》。

业发展的重点。图书馆成立的要素，若加以分析，还可以说有四种：即图书、人员、设备和方法。图书是原料，图书馆人员是整理和保存这些原料的；设备包括房屋在内，是储藏原料、人员、工作和设备的场所，而方法乃是图书馆与人发生关系的媒介，是将图书、人员和设备等要素的联络线。如今，图书馆由藏书、读者、馆员、技术方法、建筑与设备、图书馆管理六个要素组成，这些要素相互联系、相互作用，构成了图书馆的有机整体。

图书馆是一个多功能的整体，尽管不同社会、不同时期、不同条件的图书馆所承担的社会职能有所不同，有的侧重某一职能，有的侧重另一职能，但是有些职能是各种图书馆所共同具有的，是图书馆的构成要素。图书馆的职能贯穿于图书馆的整个发展过程中，随图书馆的技术方法、服务手段等方面的改变而改变，也随社会的发展而变化。

（一）藏书

图书馆的藏书是一个集合的概念，它是图书馆所收藏的各种类型文献的总和，既包括传统的印刷型文献，也包括新型载体的视听资料、电子出版物等。藏书是图书馆赖以存在和发展的物质基础，也是根据图书馆的性质、任务和读者对象的需求，将各类文献有目的、有系统地收集起来，经过科学的加工、整理、排列、组合，成为有重点的、有层次的图书馆藏书体系。图书馆的藏书有三个特性：其一是文献的集合；其二是经过选择的文献的总和；其三是经过加工和组织以提供给读者利用。

文献是指记录一切人类知识信息的载体。图书馆的藏书不仅包括传统的印刷型图书，还包括其他物质载体的文献，这就突破了传统图书馆藏书的概念。文献的总和并不是所有文献的随意累加和堆砌，图书馆的藏书是根据图书馆的性质、任务和读者对象的需求而精心挑选出来的文献。由于各个图书馆的性质、任务和读者服务对象不同，因此，所收藏的文献侧重点也有所不同。所以"藏书"只是图书馆针对自身的特定情况而精心选择的部分文献资料。

图书馆的藏书是经过科学方法进行加工，按一定的体系布局排列，并进行合理的保管，最终提供给读者利用的文献资料。不经过加工的文献，不能是真正意义上的图书馆藏文献，它不可能在图书馆流通和借阅，也无法在图书馆有序排列和保管。

长期以来，关于图书馆的藏书的"藏"与"用"问题，一直是人们争论的焦点。程亚男先生在《图书馆工作概论》一书中指出，图书馆的本质属性是藏用性，即对文献的收藏与利用，或称文献的聚集和知识信息的传播。对此，他提出三点理由：①藏用性是图书馆区别于其他机构的特有属性。②藏与用是古今中外图书馆都具有的基本功能。③图书文献的收藏与利用，构成了图书馆的特殊矛盾和主要矛盾，这对矛盾决定着图书馆的其他矛盾，不断运动，推动着图书馆事业的发展。由此可见，图书馆藏书的"藏"与"用"是一个长期被图书馆界讨论或争论的话题。

特别指出，图书馆的藏书和用书是一对矛盾统一体。有人提出藏书应以"用"为目的，这个观点不完全贴切。其实，不同的图书馆在文献资料"藏"与"用"的问题上应有所侧重。如国家图书馆行使国家总书库的职责，理应以"藏"为主。而省级公共图书馆则应就地方文献以用为主。但是，无论"藏"还是"用"，图书馆藏书的最终目的是为社会所"用"的。

（二）读者

读者包括读者范围及读者类型。

读者是指图书馆的服务对象，通常指具有一定阅读能力从事阅读活动的社会成员。图书馆的读者群属于特定的范畴，它是社会群体中的一部分，专指与图书馆发生关系的人，凡是利用图书馆从事活动的一切社会成员都是图书馆的读者，这其中包括个人、集体、单位。在各级各类学校，图书馆实际上就是以教师和学生为主要读者对象；而在社会图书馆，读者的含义相当广泛，因此，应将图书馆的服务延伸到社会的各个阶层及所有社会成员中，最大限度地发挥图书馆在促进社会进步与发展中的作用，满足各类人士的需求。

读者对象一般是指图书馆的读者，是持有借书证的人。随着社会科学技术的不断发展，特别是网络技术的普及，以及人们的生活方式和休闲方式的多样化，图书馆的读者对象发生了很大的变化。就目前来说，图书馆的读者有着三种含义：其一是现实读者。图书馆的现实读者可分为正式读者和临时读者。正式读者指持有图书馆借书证或阅览证，与图书馆建立正式借阅关系的人；临时读者指无借阅证，尚未与图书馆建立确定关系，偶尔利用图书馆的人。其二是潜在读者。一切造访图书馆的人，包括在图书馆休闲娱乐的人，听讲座、看展览的人，以及没有任何目的走进图书馆的人。其三是网络读者。指通过网络浏览图书馆网页的人。图书馆网络读者的特点是受众面广、数量多且不受地域限制。网络读者的出现，要求图书馆加大文献数字化建设，以跟上现代信息技术的发展，满足人们对网络信息的需求。

（三）馆员

馆员指图书馆所有的工作人员，包括各层次的领导干部、行政管理人员和技术业务工作人员。其中，图书馆里的技术业务人员包括图书管理员、助理馆员、馆员、副研究馆员、研究馆员等。他们都是图书馆各项工作的管理者和组织者，是联系图书馆与社会各界的媒介。图书馆社会作用、工作成绩的优劣，很大程度上取决于图书馆员的综合素质。

随着知识经济时代的到来和信息社会的发展，图书馆的社会角色发生了很大的变化，从单一的传递书刊、文献资料，发展到今天的信息查询、社会教育、传递科技信息、网络信息等多种服务形式。这些业务的延伸和发展，对图书馆员的思想素质、综合素质及业务素质提出了更高的要求，这就需要原有人员不断更新知识才能适应时代要求。

（四）技术方法

技术方法是指图书文献的收集、整理、组织、管理、流通、利用，以及各个业务部门工作的技术方法。技术方法构成了图书馆工作的方法系统，该系统包括了传统手工操作的技术方法，也包括了以计算机技术为主要手段的现代信息情报技术。

现代化技术方法的运用需要合理地调整图书馆的工作程序，以提高图书馆管理的效益，在2004年全国公共图书馆第三次检查工作中，把合理的工作程序作为考核图书馆服务效益的标准。这一标准的出台，标志着对图书馆现代化技术的应用提出了更高的要求。

（五）建筑与设备

图书馆的建筑与设备是图书馆开展工作的物质条件，其建设规模、建筑风格及现代化设备的应用，将使图书馆的服务工作从单一向深度和广度发展，服务手段从单向向多元化发展，服务能力和效益得到极大的提高。

目前，世界上绝大多数国家，将国家图书馆、省市图书馆和高等学校图书馆作为图书馆建设的重点。其硬件建设作为教学、科研和国家城市文明进步评估的重要内容，并对其建设规模、藏书数量等有详细的评估指标。另外，对图书馆的建筑风格和技术装备也有一定的要求，首先是建筑风格要有明显的时代特征。随着图书馆读者服务工作内容、形式、技术设备的不断变化，图书馆的建筑也随之而改变。从传统图书馆到现代化图书馆，图书馆的技术设备随着服务方式的改变、新技术的应用不断地发生着变化。其次，技术装备也有较大的改观。如计算机设备、电工设备、空调设备、消防安全设备及业务工作相应的技术设备等。

（六）图书馆管理

图书馆管理是指计划、组织、控制、协调图书馆工作中的人力、物力、财力的合理运用，达到以最少的消耗来实现图书馆的既定目标，完成图书馆任务的过程。没有科学管理，就没有工作的合理化和科学化，图书馆也就不能成为一个具有特定功能的有机整体。图书馆管理的内容有很多，如：图书馆组织机构的管理、人事制度管理、业务管理、行政事务管理、图书馆的规章制度、管理的方式和方法，等等。这一切形成了图书馆完整的管理体系，以保证图书馆事业科学、高效、可持续地发展和壮大。

第二节　图书馆的类型

图书馆事业是由各种类型的图书馆组成的。每一种类型的图书馆的产生和发展都有着它自身的特点。国际上，由于各国对图书馆类型划分的标准很不一致，图书馆类型划分也各不相同。在我国，主要采取按主管部门和领导系统来划分图书馆。目前，我国的图书馆类型主要有国家图书馆、公共图书馆、高等院校图书馆、科学图书馆、专业图书馆、技术图书馆、工会图书馆、军事系统图书馆和少儿图书馆（室）等。本书论述的重点主要是公共图书馆。

（一）国家图书馆

1. 国家图书馆的含义

国家图书馆是由国家筹建的面向全国的中心图书馆。它代表一个国家图书馆事业的发展水平。同其他图书馆相比较，它的规模最大，藏书量最大，干部条件、设备条件及各项工作都具有先进水平，是整个图书馆界的表率。国家图书馆在全国图书馆事业发展中起着关键的作用。

国家图书馆的定义为：凡是按照法律或其他安排，负责搜集和保管国内出版的所有重要出版物的副本，并起贮藏图书的作用，不管其名称如何，都是国家图书馆。

2. 国家图书馆的类型

目前世界上各国国家图书馆大体可分为：公共性的中央图书馆，政府性的国会图书馆，大学图书馆兼作国家图书馆，科学院图书馆兼作国家图书馆。

（二）公共图书馆

1. 公共图书馆的含义

公共图书馆是指那些免费或是收取极少费用为一个团体或区域公众服务的图书馆，它们可以为一般群众服务或为专业类别的用户如儿童、工人等服务，全部或大部分接受政府资助。

2. 公共图书馆的类型

包括国家图书馆、省（市）自治区图书馆、县（市）图书馆、基层图书馆和少年儿童图书馆。国家图书馆是国家总书库，是全国图书馆事业的中心。其他公共图书馆均是按行政区划分设置的群众社会文化机构，各国为本地的广大群众服务，担负社会教育、普及文化及科技知识的任务。

3. 公共图书馆的基本特征

（1）公共性

公共性是指公共图书馆服务体系的所有资源被社会全体成员共同拥有的属性，表现在体系内的各公共图书馆的拥有主体是公共部门而非私人机构，体系所开展服务的目的是满足社会大众的文化信息需要。公共图书馆的核心在于"公共"，公共性是图书馆的第一性，理应成为公共图书馆的第一要素。显然，对于某个特定的公共图书馆服务体系而言，其公共性实际范围与体系所覆盖的读者群规模密切相关。

（2）公益性

公益性是公共图书馆服务体系最本质、最基本的特征，公共图书馆服务体系的本质是面向社会、面向大众开展公益性服务的文献信息服务系统。公共图书馆最直接的表现就在于图书馆为人民大众提供公益性服务，免费服务。这种免费服务应是全方位的，不仅传统的文献借阅免费，阵地服务免费，参考咨询服务基本免费，读者活动和讲座免费，而且网络服务也应免费。公益性的本质要求决定了公共图书馆服务体系特有的运行方式，而充分稳定的资金投入是坚持公益性的根本保障，政府无疑是责无旁贷的投资主体。

（3）均等性

均等性是指公共图书馆提供的公共文化服务要惠及全体人民，为全体人民所普遍享有。普遍均等服务是世界各国公共图书馆事业发展的共同原则和目标，当前建设普遍均等的公共文化服务目标已经进入我国政府的议事日程。

（4）开放性

公共图书馆服务体系的开放性体现在两个方面：一是公共图书馆是一个面向全社会开放的文化服务机构，读者无需复杂的手续就可以进入图书馆阅读书刊，以保证公民的基本阅读权利；二是保证读者获取正当的文献信息的权利，而且馆藏大部分资源都应向读者开放；三是公共图书馆需要通过吸收、整合会员以壮大和完善服务体系，又要求通过广泛学习、博采众长以提高建设质量。

（5）创新性

创新是公共图书馆服务体系建设的内在要求和生命力所在。经济基础不一、千差万别的读者基础以及巨大的地区差异迫切要求我们通过创新的理念和思维破解公共图书馆服务体系建设中的难题。创新性主要表现在：服务体系创新、公共图书馆服务观念的创新、服务技术创新、管理创新。当前，我国各地公共图书馆服务体系建设中因地制宜地出现的各种成功模式就是创新性的直接成果。

（6）共享性

共享是公共图书馆服务体系的一大特色和内在要求，是指体系内各成员图书馆通过文献信息资源共享以实现扩展服务、通过集中采购图书文档和配套设施以降低运行成本的一系列合作行为。共享是公共图书馆服务体系内各成员馆合作优势的具体体现。

（三）科学研究系统图书馆

包括专业图书馆和综合图书馆。其特征是为研究生产及管理部门所设。

一般只服务于本系统本部门人员，有时也对外开放，开展咨询服务，多采用开架管理。

（四）高等学校图书馆

1. 高校图书馆的含义

高校图书馆是我国图书馆事业中的一个重要类型。它是高等学校为教学和科研服务的主要机构，与教学和科研的关系极为密切。高校图书馆的定义是：主要服务于大学和其他第三级教学单位的学生和教师的图书馆。

2. 高校图书馆的类型

我国高等学校图书馆包括各综合性大学图书馆、普通高校图书馆，职业高校图书馆和专科学校图书馆（室）。

（五）中小学图书馆

为学校教育的辅助机构，一般不接待校外读者，常附设在教学楼建筑中，为我国图书馆事业的发展起到了推动作用。

第三节　图书馆的特性

图书馆是搜集、整理、保管、传播和利用书刊情报资料以及各种数字资源为社会的政治、经济服务的科学、教育、文化机构。它是人类社会发展到一定阶段的文明产物。

图书馆作为一种社会机构，纵向继承和发展了人类创造的智慧结晶，横向架起了知识创造和知识利用的桥梁。图书馆以收藏与贮存的文献为媒介，以传递为手段，把知识信息扩散到不同的读者中，起到信息交流的作用。从图书馆本身所具有的特殊性看，其性质也是独特的，概括起来主要包括社会性、学术性、教育性、服务性等。

（一）社会性

图书馆作为一个独立的综合性科学部门，是通过自身所收藏的图书资料说明着社会，并通过提供这些图书资料的实践活动改变着社会面貌。图书馆的藏书是人类文明和智慧的结晶，记录了人类历史的发展与演变，是人类共同的精神财富。图书馆通过提供阅读、信息服务，促成知识的传播和信息的交流，并直接介入社会的政治、经济、科学、文化领域，已成为人类文明体系的重要组成部分而服务于人类。

（二）学术性

图书馆的学术性体现在它的工作是科研工作的重要组成部分，是为科学研究提供文献信息的重要阵地，是科学研究的前期劳动。图书馆的学术性还体现在图书馆工作本身就是一项科学研究工作，它本身就是一门相对独立的学科，有系统的理论和方法指导进行知识信息的保存、加工、提供利用及深层次挖掘。

（三）教育性

图书馆被誉为"没有围墙的大学"，在传播科学文化知识的过程中，对社会上不同领域、不同年龄、不同职业的广大读者起着独特的、必然的教育及再教育作用。图书馆不只是一个收藏图书的地方，更是一个网络化、数字化的学习资源中心。图书馆提供的教育形式多种多样，具有社会性、全程性、灵活性、全面性和发展性的特点。因此，图书馆的教育是任何学校和社会机构所不能达到的，是无可替代的，是学校课堂教育的延伸、扩展和深入。图书馆的教育职能将随着知识需求的急剧增长而不断增强。

（四）服务性

图书馆是知识和信息的储存地，通过提供查阅场所，提供网络信息平台，使知识和信息传播出去，搭建了知识生产与知识利用间的桥梁，这种桥梁的本质属性就是服务性和中介性。图书馆本身的工作和图书馆学的研究就是为知识与信息的传播服务奠定基础和准备条件，其目的是最大限度地发挥馆藏文献及信息的作用，最大限度地满足读者日益增长的阅读需求，满足读者个性化的信息需求。

第四节 我国图书馆的发展

一、中国古代图书馆的发展

中国古代图书馆史始于图书馆开始萌芽的殷商时期，终于19世纪末。这一时期图书馆是因个人的文献信息需求及个人财力、能力及其他条件的允许而建立和发展起来的，并没有参与交流主体互相间的文献信息交流过程，而是在这个过程之后对极少数交流主体起辅助作用，其作用范围十分狭小。这一时期也曾被称为"封建藏书楼"时期。根据藏书楼规模、数量的发展变化，中国古代图书馆的发展大致经历了以下几个阶段：

（一）萌芽阶段

我国古代图书馆发展较早，商周时期就已经出现了图书馆的萌芽。这一阶段学术统于王宫，科学知识普遍贫乏，文献的制作十分艰难，来源匮乏，文献是极少数人的财产。从整个社会范围来看，只有为数极少的藏书点，就是王宫。

（二）发展阶段

从动荡的春秋战国时期直至隋唐时期是古代图书馆的漫长发展阶段。春秋战国时期，随着生产力的提高、社会财富的增加，脑力劳动与体力劳动进一步分工，学术统于王宫的局面被打破，从事文化教育工作的知识分子也要求获得必要的文献资料，并出现了私人藏书。东汉蔡伦造纸术的发明为文献的制作和传播提供了极大的便利，此后文献数量激增。这一时期文献存储结构由集中转为分散，在社会中出现了较多的藏书点，藏书规模也不断扩大。

（三）全盛阶段

两宋时期迎来了古代图书馆的全盛发展，这一发展势头一直持续到 19 世纪末期。隋唐以来的科举取士制度，极大地促进了社会中读书人的增多，带来了藏书的进一步普及，而这一阶段封建经济和文化的高度繁荣为藏书的进一步普及创造了条件，尤其是印刷术的发明和发展，对社会中藏书事业的发展起到了直接的推动作用。在这一阶段，不仅是藏书点的急剧增加，藏书规模亦急剧扩大，出现了空前的盛况。

在封建社会，由于社会发展缓慢，图书馆事业在一些文明发展较早的地区首先得到有限的发展。这段时期出现了几种典型的图书馆类型：皇家藏书、私人藏书、书院藏书、寺院藏书。封建时代的图书馆仅供帝王将相、公卿大臣、一部分传教士和僧侣以及上层知识分子使用，而绝大多数的平民百姓几乎都是目不识丁，既没有利用图书馆的需要，也无法利用图书馆。图书馆仅为个人文献信息交流起辅助作用，社会中人际间文献信息的交流乃是一种无组织状态，只能与少量的其他社会成员建立文献信息交流的联系，这种交流有很大的盲目性、偶然性和随机性。

二、中国近代图书馆的发展

中国近代图书馆史起于 20 世纪初至 20 世纪中叶。近代图书馆不再作为私人机构而是作为公共设施，其收藏书籍的目的是提供公众阅览、传播知识、增长才干、发展科技与文化振兴国家，并以公众的需求和使用为目的形成一套严密的管理方法。这个时期增加了读者服务工作，并把它作为图书馆各项工作的中心，配备大量的人员。在这期间，通过对图书馆工作的研究和探讨逐步形成了专门的学科——图书馆学。中国近代图书馆史的发展大致经历了以下几个阶段。

（一）萌芽阶段

20 世纪初是近代图书馆的萌芽期，1909 年清政府颁布《京师图书馆及各省图书馆通行章程》，根据这一章程，当时图书馆建设是京师及各省先设一所。各府、厅、州、县治应各依筹备年限依次设立。1909 年京师图书馆在北京建立，其后各省也先后设立了公共开放的省立图书馆。1915 年，先后颁布了《图书馆规程》和《通俗图书馆规程》，进一步巩固和加强了图书馆的建设。这些图书馆的目的和用途十分明确，属于向公众开放的图书馆，标志着中国近代图书馆开始萌芽。

（二）发展阶段

近代图书馆的具体发展时期是 1919—1949 年。五四运动是近代图书馆历史发展中的一个重要标志，五四运动以后社会上一度形成图书馆热，图书馆事业有了迅速发展，其主要表现是图书馆类型全、数量多。之后图书馆教育也渐渐兴起，包括出国留学、开办图书馆专科学校、开设图书馆课程等，也开始出现图书馆学相关著作和刊物，说明中国近代图书馆事业迅速发展起来。由于受五四运动的影响，这阶段的图书馆注重贫民教育，要求图书馆向贫民开放，积极倡导建立遍布城乡的通俗图书馆和基层图书馆，使得图书馆的读者对象普遍化，包括了各不同阶级阶层、各不同性别和年龄的广大读者。

（三）全盛阶段

1950 年，中央颁发了《禁止珍贵文物图书出口暂行办法》和《中央人民政府关于征集革命文物的命令》，对新中国成立前遗留下来的图书馆进行整顿和改造，调整了藏书结构，充实了马克思、列宁系列著作，改革和废除了不合理的规章制度，整顿了图书馆干部队伍，使得各类型图书馆得到了很大的发展。1955 年，颁布了《关于征集图书、杂志样本办法》和《关于工会图书馆工作的规定》，进一步加强了新中国图书馆事业的发展和服务活动。

中国近代图书馆的诞生，将几千年与世隔绝的封闭状态的藏书楼迎来了一个较为广阔的文化空间，从此公共图书馆代替藏书楼走上了历史的舞台。在这段历史中，除公共图书馆外，还出现了一些新型的图书馆类型：私立图书馆、学校图书馆、机关团体图书馆等（农村图书馆、工会图书馆）。近代图书馆不仅参与了人际间的文献信息交流过程，而且起到组织某一地区、某一部门的社会成员有效地参与社会文献信息交流，其主要成就体现在以下内容：具备了重要的社会教育功能；提高了近代知识分子群体的素质；形成了面向公众的文献服务机构；开创了近代科学分类体系。

三、中国现代图书馆的发展

从严格意义上来讲，中国现代图书馆的历史只有短短的几十年，其发展也并非一帆风顺。经历了近二十年的艰难发展时期，20 世纪七八十年代，我国图书馆进入全面探索和改革阶段。计算机以及计算机网络技术的发展和普及，为图书馆的发展带来了历史性的巨变。目前就中国现代图书馆史的分期讨论较少，而且划分不明确，本文以计算机在图书馆的应用来划分中国现代图书馆史。

（一）萌芽阶段

据不完全统计，到 1965 年，全国省、市公共图书馆已达 400 多所，藏书量增至 10663 万册，工作人员增至 4114 人。在 1966—1976 年间，图书馆和其他行业一样，都受到了严重的破坏。这一时期，图书馆学会和图书馆相关委员会相继成立[①]，极大地推动了图书馆学研究的进展，多年来制定出 7 项专门用于中文文献著录的国家标准[②]、17 种代码代号标准[③]，为中国书目信息资源共享、机读目录编制、书目网络建设等起到了重要的作用。1987 年，国务院

---

① 　王志东著. 公共图书馆文化产业研究 [M]．济南：山东人民出版社，2012.
② 　李瑞欢主编. 公共图书馆工作实务 [M]．北京：现代出版社，2018.
③ 　陈光祚等编著. 计算机情报检索系统导论 [M]．北京：书目文献出版社，1993.

和原国家教委相继颁布了《关于改进和加强图书馆工作的报告》和《普通高等学校图书馆规程》。从此各类图书馆事业、图书馆学教育、图书馆学研究开始全面发展，开始走上现代化之路。

（二）发展阶段

从整体上看，现代图书馆的发展阶段从 20 世纪 90 年代开始，一直持续至今日。随着计算机的大量引入和汉字信息处理技术的完善，据统计，至 1992 年，在全国应用计算机的图书馆有 1500 多家。1993 年，中科院文献情报中心与北京大学、清华大学联合起来在中关村地区科研与教育示范网的基础上建立了"中关村地区书目文献信息共享系统（APTLIN）"。1994 年，中国教育和科研计算机网开始启动，1995 年第一期工程连接了 10 所高校，至 1997 年已有 160 所高校图书馆上网①。

计算机网络的使用不是一般意义上单个图书馆功能的简单相加，而是放大了倍率，它使人类社会人际间文献信息的交流纳入了整体化、系统化的轨道。

据统计，2021 年末全国共有公共图书馆 3215 个，从业人员 59301 人，其中具有高级职称人员 7413 人，具有中级职称人员 18979 人。

随着计算机、网络、数字化存储与检索技术的不断跃进，中国现代图书馆事业迅速发展起来。面临读者日益复杂多样的需求，促使图书馆经营理念、服务内容与方式都发生了很大的变化，主要表现在以下几个方面：一是馆藏内容更加丰富；二是文献处理自动化；三是馆舍设计科学化；四是服务方式个性化。纵观现代图书馆的出现和发展过程，不论信息资源的类型和范围、信息用户的需求、信息处理技术、图书馆的组织与结构、信息人员的观念与专业技能以及管理水平等都发生了深刻的变革，但作为图书馆内核的信息资源体系是不变的，以有限的信息资源满足用户无限的信息需求的宗旨是不变的。

① 王红玲，张齐增，孙孝诗主编. 网络环境下图书馆信息资源的整合开发 [M]. 北京：北京图书馆出版社，2006.

第二章　图书馆阅读推广概述

第一节　推广与阅读推广

一、推广的含义

推广的基本词义是扩大范围，即所谓推而广之。就这个词义而言，可以有不同的理解：①和宣传意思相近，有提高推广对象的知名度的意思。具体在图书馆领域，国际图联的《公共图书馆服务发展指南》中，论及"推广"的内容都属于宣传的范围。再如，许多企业设立产品推广部和销售部，推广部的工作不进入到销售层面，而是为产品的销售制定销售策略和组织产品宣传活动等。②和营销意思相近，指扩大用户数量，使更多的人使用或购买所推广的对象一项服务或一种产品。例如在农业推广中，"推广"一词除了含有宣传之意，也包含促使更多的人使用该农业技术的意思。

二、阅读推广

从人类社会发展的角度来看，阅读是人类获得知识和信息的重要手段，阅读活动是人类文明的标志之一。对国家和民族而言，一个民族的精神境界取决于这个民族的阅读水平，阅读关系到一个民族的兴盛和进步，阅读有助于提高民族素质。对个人而言，阅读是一个人最基本的文化权利，阅读是一个人精神生活的延续，一个人的精神发育史就是他的阅读史。阅读可以为个人累积和创新知识，有促进自我学习、提升自我的功效，阅读对人的思维方式、知识结构都会产生积极的影响。阅读是对灵魂的塑造，阅读带来希望与未来。阅读是如此重要，开展阅读活动已经成为世界各国的一项基本文化政策。1995 年，联合国教科文组织确定每年的 4 月 23 日为"世界图书与版权日"，1997 年又提出"全民阅读"理念。"阅读推广"就是为推动全民阅读的实现而开展的所有引导阅读、激励阅读的活动的统称。

（一）我国阅读推广概况

中国是文化礼仪之邦，历来有阅读的传统。杜甫有诗云："读书破万卷，下笔如有神。"王贞白有诗云："读书不觉已春深，一寸光阴一寸金。"颜真卿的《劝学诗》写道："三更灯火五更鸡，正是男儿读书时。黑发不知勤学早，白首方悔读书迟。"中华民族绵延不息的文化传统以阅读为方法，以书籍、金石为媒介得以传承与发扬。

进入 21 世纪以来，中国在阅读推广上更是不遗余力。2006 年，中宣部、新闻出版总署等 11 个部门发出《关于开展全民阅读活动的倡议书》，并联合成立全民阅读组织协调办公室，中国全民阅读开始了从活动到战略、从理念到实践、从量变到质变的飞跃。2011 年以来相关政府文件及工作报告中持续倡导全民阅读，政府倡导全民阅读的活动，开展评选全国"书香之家"活动。2012 年，《国家"十二五"时期文化改革发展规划纲要》把"深入开展全民阅读"列为重要的文化建设项目。2014 年，第十二届全国人民代表大会首次将"倡导全民阅读"写入《政府工作报告》。2016—2017 年，与全民阅读密切相关的立法、规划密集出台。2016 年，国务院总理李克强连续第三年在相关《政府工作报告》中"倡导全民阅读"，同时全民阅读工作还被纳入《国民经济和社会发展第十三个五年规划纲要》，《全民阅读促进条例（征求意见稿）》《全民阅读"十三五"时期发展规划》也正式对外发布，全民阅读被列为国家战略，迎来新的发展机遇。全国各地均成立了阅读推广领导机构，江苏、湖北、湖南、河北、新疆等地都成立了由地方党委或政府主要领导担任负责人的全民阅读组织领导机构。

阅读推广势如长虹，席卷全国，吸引了图书馆、数字阅读厂商、出版社、书店、传媒机构、公益组织、志愿者队伍等社会力量的参与；阅读推广成为图书馆的热点业务，也受到公共图书馆、高校图书馆的广泛关注。推动全民阅读，促进知识的创新与传播，提高国民科学文化素质，建设学习型社会已成为重要任务。中国图书馆学会和国家图书馆联合全国各级各类图书馆，共同开展全民阅读活动。中国图书馆学会不断探索工作机制，搭建活动平台，出版专业书籍，培育专门人才，并发布年度"全民阅读"工作通知，积极引导、协调和组织全国各级各类图书馆全面推动"全民阅读"，开展了形式多样和丰富多彩的阅读推广活动，形成了我国图书馆界"全民阅读"工作"各馆齐心、遍地开花"的格局。

（二）阅读推广的主体

阅读推广的主体是指阅读推广活动的发起者、组织者、实施者和管理者。全民阅读活动是一项社会文化系统工程，需要集合全社会的力量推行。提高国民的阅读率，形成人人热爱阅读、全民阅读的社会氛围，社会、政府、图书馆、出版机构和大众媒体等都负有不可推卸的责任。纵观全球的阅读推广工作，可以发现，国际组织、各国政府、媒体机构、图书馆界、非营利机构、教育机构、医疗机构、媒体，甚至是一些热衷于分享阅读的个人均参与其中，或成立阅读推广机构，或推出阅读推广项目，或组织阅读分享活动，这些都是阅读推广的一部分。

（三）阅读推广的对象

由于阅读推广的目标是"全民阅读"，阅读推广所服务的对象应该是社会中的每一个个体。但在进行阅读推广时，首先还是应该对阅读推广的目标人群进行研究，这是因为不同的对象在阅读兴趣、阅读能力、阅读动机和审美取向上各不相同，这都将影响阅读推广的内容及成效。

　　为了使阅读推广工作更具针对性、效果更显著，在进行阅读推广工作时要将推广对象进行细分。比如，按年龄层进行划分，可以将阅读推广对象分为低幼儿童、青少年读者、中青年读者、老年读者；按职业进行划分，可以将阅读推广对象分为工人、农民、学生、打工者等若干类别。针对不同的读者对象，再设计不同的阅读推广内容。

　　公共图书馆的阅读指导服务应是"知书"与"知人"服务，简单来说，就是图书馆员针对读者个人特质与特殊需求主动建议适合的阅读素材。换句话说，就是阅读推广要向合适的对象选择合适的内容进行推广。

　　（四）阅读推广的内容

　　阅读推广，顾名思义，当然是要推广阅读。这里不仅包括阅读的读物，还包括阅读能力的提升、阅读兴趣的培养、阅读习惯的养成、阅读品位的熏陶及阅读氛围的营造等。阅读的读物不仅仅包括传统的纸质图书，还包括电子图书及音频、视频、游戏等多媒体信息。对于有阅读意愿但不知道如何阅读的人群，阅读推广的工作就是要帮助他们提升阅读能力，具体包括选择读物的能力、理解内容的能力、阐释能力、批判分析与创新能力等。阅读兴趣的培养和阅读氛围的营造也是阅读推广的重点。终身的阅读兴趣和习惯取决于有效的早期阅读，阅读应从小抓起，从小培养孩子对阅读的兴趣，并使其养成良好的阅读习惯。图书馆要以各种形式吸引青少年儿童走进图书馆，激发他们的阅读兴趣，培养他们的阅读素养。

三、图书馆阅读推广

　　（一）图书馆推广的含义

　　图书馆推广的含义取扩大用户数量的含义，以达到使更多的人使用图书馆，吸引更多的人走进图书馆、利用图书馆为目的。推广，则是促进人们对图书馆的利用，通过一些具体的举措，如到社区现场办理图书馆借阅证、取消办证限制、组织读者活动等，吸引更多的人成为图书馆的利用者。也许是囿于公共图书馆的公益性质，在我国图书馆界很少使用"图书馆营销"这个概念。

(二) 图书馆与阅读推广

1. 图书馆与阅读推广的关系

人们普遍认为，图书馆是阅读推广的主阵地。图书馆作为社会求知的知识载体，为阅读推广奠定了基础，凭借自身的优势在引导阅读、满足不同层次的阅读需求、保障弱势群体阅读权利、促进阅读方面发挥独特的作用，图书馆推动社会阅读的过程也是自我完善的过程。

2. 图书馆对阅读推广的影响和意义

在促进阅读推广、构建阅读社会中的作用研究方面，促进社会公众阅读是图书馆的重要核心价值，图书馆在构筑阅读社会的过程中需要积极发挥自身的价值，重视弱势群体在阅读社会构建中的重要位置，关注其阅读能力和阅读状况，利用网络信息技术，提供省时、低成本、高效率的阅读服务，保障读者阅读权利的实现，确立图书馆在阅读社会构建中的重要价值使命。

图书馆是倡导全民阅读的中坚力量，倡导全民阅读是图书馆社会职能中不变的核心部分。图书馆引导"全民阅读"，能为"全民阅读"提供舒适的阅读环境、进行科学正确的引导、提供丰富的信息资源、提供技术指导与快捷服务。

3. 图书馆在阅读推广中的主要工作内容

(1) 引导

对于缺乏阅读意愿的人，图书馆通过生动有趣的阅读推广活动，引导他们感受阅读的魅力，享受阅读的乐趣，并逐步形成阅读的意愿。推动全民阅读的发展，正是图书馆阅读推广工作需要解决的问题和完成的任务。

（2）训练

图书馆的服务对象中存在许多有阅读意愿而不善于阅读的人，包括尚未养成阅读习惯的人，如少年儿童、青年学生，还有因各种原因成人后失去继续学习机会的人，图书馆阅读推广可以为他们提供更多阅读机会。

（3）帮助

图书馆的服务对象中还存在阅读困难人群，也称图书馆服务的特殊人群。对公共图书馆来说，此类特殊人群包括残障人士、阅读障碍症患者等；对学校图书馆来说，主要是缺乏阅读知识和辨别能力的低年级学生。图书馆需要对他们提供阅读帮助，阅读推广服务是最好的帮助。

（4）服务

传统图书馆服务目标人群的主体是具有较好阅读能力的人，即所谓高层次读者。图书馆阅读推广活动为他们提供阅读的便利，丰富为他们服务的方式。对于学校图书馆来说，除了专业阅读之外，还要引导大学生们了解和学习专业之外的知识，丰富大学生们的阅读视野，拓展大学生们的知识范畴。

（三）图书馆阅读推广的优势

1. 馆藏资源丰富

馆藏资源丰富，能为阅读推广活动提供基本的阅读资源，公共图书馆作为专门的存储和借阅图书文献的场所，自身存储了丰富的文献，可以为广大读者提供海量的阅读资源，使读者的阅读需求得到满足。除了传统的纸质图书，其收藏的丰富的电子文献资源，也可以为馆外的读者提供文献信息资源服务。其丰富的藏书量和文献信息服务能力，是其他机构难以与之相比的，这为阅读推广活动的开展提供了最基本的保障。

2. 设施健全

设施健全，能为全民阅读活动的开展创造良好的环境条件。公共图书馆是社会公益性组织，对社会大众开放，相比于其他组织，能够为尽可能多的读者提供良好的阅读环境。作为专业的文献借阅场所，其阅读氛围良好，设施完备。在馆内还设有阅览室、报刊阅览处、多功能报告厅等专门的阅读空间，安静舒适，能够让读者更加投入阅读；各种报告厅也为阅读推广活动的开展提供了专门的场所保障。

3. 拥有专业的人才队伍

为阅读推广活动提供专业的人才队伍，能够助力科学开展阅读推广活动。公共图书馆作为专业存储提供文献资源的大型机构，拥有高素质、高学历、经验足的专业人才队伍，为阅读推广活动的开展配备了专业的推广人员。同时各个图书馆之间定期开展经验交流会，增强阅读推广队伍理论水平；采用各种方式对推广人员进行培训，提升其专业素养与能力。图书馆所配备的高水平的推广人员可以对读者咨询的相关问题进行专业解答，并为读者参与活动提供专业科学的指导。

第二节　图书馆阅读推广的问题与解决措施

一、图书馆阅读推广中的问题

（一）图书馆的自身硬件设施水平问题

1. 图书馆中的自动化建设水平不高

图书馆要想更好地开展信息化服务，就必须具备一定的计算机软硬件系统和网络环境。但是，许多地方高校图书馆计算机硬件设施不够先进，自动化、网络化和数字化程度不高，对图书资源信息查询和检索造成了极大的影响。

2. 图书馆的资源配置不合理，服务针对性不强

图书馆主要是为教学科研服务，服务的主要对象是教师和学生。由于图

书馆工作人员学科结构单一，提供的信息资源有时不能够很准确地面向用户，在一定程度上造成了图书资源的浪费。

（二）图书馆的社会服务意识差

从建设国家公共文化服务体系，进一步满足我国经济社会发展的需要来看，图书馆实施社会化服务的趋势势在必行。但是，当前我国图书馆还没有一套完整规范的社会化服务规章制度，缺乏必要的政策支持和政策评估机制，还存在图书馆服务社会的动力不足，工作进展不够迅速等情况。

（三）图书馆的馆藏数量存在不足

由于现今图书价格不断攀升，导致图书馆的新书数量不断减少，部分图书馆的藏书陈旧，新增图书数量少，学生的人均图书量达不到国家评估指标。另外现在外文图书由于受到人民币汇率变化的影响，每年价格的增长幅度都在两位数以上。这些因素无疑都会造成图书馆的沉重压力，最终造成藏书少、学科面狭窄、文献补充速度慢等局面，图书馆在读者面前的形象也会大打折扣。

（四）缺少相关的法律依据和正确的政策指导

尽管我国各个省市对图书馆阅读推广工作的重视程度越来越高，但是相关的法律依据和正确的政策指导还有所欠缺，这使得很多阅读推广活动都无法正常地开展下去。同时，部分地区的阅读推广工作缺少政府的有效协调，最终导致这些地区的图书馆阅读推广工作不能够有效地形成合力，众多的资源也无法得到整合。

（五）图书馆自身存在的问题

图书馆本身阅读推广工作的力度还是有所欠缺，并且进行阅读推广的主要方式也只是通过宣传海报或者网络来进行，阅读推广活动的频率不高，所以无法达到预期的效果。图书馆通常缺少专门人员进行阅读推广工作，为读者进行介绍的时候，难免会影响读者阅读的兴趣及好奇心。

二、图书馆阅读推广问题的解决措施

（一）国家需要制定出相应的法律政策进行指导

很多图书馆都是由于缺少相应的法律政策进行指导，导致其阅读推广活动无法达到预期的效果。所以，只有国家制定并出台相关的法律政策进行正确的指导，才能够避免图书馆出现在阅读推广工作的具体实施过程中，缺少统一方向及措施的情况。

（二）对图书馆阅读推广的理论进行更加深入的研究

在对图书馆阅读推广理论进行研究的过程中，对开展阅读推广的主要依据及其中所反映出来的教育学原理，都需要进行深入而又仔细的分析，对图书馆应要肩负的阅读推广责任更要进行深入研究，使读者可以自愿并积极融入图书阅读的队伍，还能够为图书馆员提供正确的阅读推广方向，以此来增加图书馆阅读推广活动的信心。

（三）不断扩大图书馆资金投入的来源范围

图书馆要想更好地进行阅读推广活动，就需要国家加大对图书馆阅读推广活动资金投入的力度，图书馆也要寻找更多资金来源，以此来更好地完成阅读推广活动。例如，可以通过平时进行一些展览活动，以此来获得与出版商及卖书方的合作机会，还能够起到对图书馆自身进行宣传的效果。

（四）调查阅读人群并提高图书馆员的整体素质水平

首先，图书馆的阅读推广活动不能只是趋于形式化，不要只考虑人力、物力、财力的支出情况，更多的还是应该进行资源的合理配置，通过对阅读人群进行详细的调研，可以在进行较少的成本投入的同时，取得最大的经济和社会效益，使图书馆阅读推广活动能够满足更多读者的不同要求。其次，图书馆要在平时通过各种专业培训，以及制定相应的奖惩制度来提高图书馆员的整体素质水平，这样才能使图书馆员更加专业、更加热情地为读者进行面对面服务，积极投入图书馆的阅读推广活动当中。

阅读推广是保证我们的阅读权益不会受侵害的基础和前提，同时，也是实现全民阅读、优质阅读，最终体现公平、公开、公正的阅读价值观，构建和谐社会的重要途径。现如今，世界各国都已经把阅读推广提上了自己国家的日程，所以，我们也要认真分析、研究图书馆阅读推广理论与实践的意义，找出存在的不足，并制定出针对性的解决措施，不断提高图书馆员的整体素质，实现图书馆阅读推广的多元化和创新化，只有这样，才能够促进我国全民阅读时代早日到来。

第三节　图书馆阅读推广的完善机制

一、完善图书馆阅读推广的政府财政投入机制与法规体系

（一）完善图书馆阅读推广的政府财政投入机制

无论是高校图书馆还是各级公共图书馆，主要经费都来源于政府的拨款，这是各级各类图书馆得以正常运行的重要财力保障。图书馆的阅读推广活动需要以政府的财政支持为基础，因为阅读推广活动的开展需要购置阅读推广资源，如阅读物、阅读推广场地、阅读推广设备等。鉴于上述因素，政府需要对各类图书馆拨付足额的资金，以保障图书馆能够正常运转，同时不断提升图书馆的办馆实力，提高图书馆的办馆水平，为其开展阅读推广活动奠定基础。政府有必要为图书馆拨付阅读推广专项资金，专门用来开展阅读推广活动，此项资金的拨付是动态、可持续的，可根据图书馆所提供的年度阅读推广报告或针对图书馆某一项阅读推广活动进行追加或削减，并严格监督资

金的使用。

（二）健全图书馆阅读推广的法规体系

为规范图书馆的阅读推广活动，政府应逐步完善与图书馆阅读推广活动相关的法规，使图书馆的阅读推广活动有法律的规范和监督。完善相关法律法规既有助于实现和保障公民的阅读权利，也是图书馆开展阅读推广活动的法律依据。截至目前，我国尚未制定与图书馆阅读推广相关的全国性法律法规。尽管我国部分省、市和自治区制定了一些与图书馆相关的法规，然而尚未形成完整的体系。另外，现有与图书馆阅读推广活动相关的法规也并未得到有效贯彻和落实。因此，我国应加快与图书馆阅读推广相关的国家标准与行业标准的制定工作，建立健全图书馆阅读推广的法律法规体系。

二、健全图书馆阅读推广的长效机制

图书馆有必要建立阅读推广的长效机制，对阅读推广活动进行科学规划，使阅读推广活动具有延续性，形成规模效应和品牌效应，吸引读者参与，获得读者的支持，最终在阅读推广服务中促进各类文献信息资源的高效利用，为读者创建良好的阅读平台，并将阅读推广的各构成要素联系起来，使它们协调运行，充分发挥作用。

（一）设立图书馆阅读推广部门

图书馆的阅读推广工作必须常态化，图书馆应设置阅读推广部门并安排专职人员负责阅读推广活动，以保障阅读推广活动能够持续、科学地进行。另外，图书馆还可以根据每次阅读推广活动的内容，聘请相关专家参与活动并进行指导，比如在举办心理健康方面的读书交流活动时，图书馆可以聘请高校艺术设计专业和心理学专业的教师和学生，对宣传展板的设计及交流活动的内容进行指导和点评。

（二）加强图书馆阅读推广专业人才的培养

图书馆必须重视阅读推广专业人才的培养，采取灵活多样的措施推动我国图书馆阅读推广从业人员专业化。如中国图书馆学会设立的阅读推广专业委员会，指导各图书馆培养阅读推广专业人才；有条件的高校图书馆可以开设相关的阅读推广专业课程，或举办各种形式的阅读推广培训活动；图书馆应定期或不定期举办各类阅读推广研讨会，为阅读推广人员提供更多的交流机会。图书馆还应为阅读推广人员提供更多的学习机会，邀请专家学者为阅读推广人员讲授相关的阅读推广知识，提高他们的综合专业素质等。

三、建立健全图书馆阅读推广的监管与评价机制

（一）完善图书馆阅读推广的监管机制

政府应推动图书馆阅读推广监管体系不断趋于完善，使阅读推广活动面向社会，接受社会各方面的监督。图书馆也必须对其所开展的阅读推广活动加强监管，增强阅读推广工作的透明度，降低因信息不透明所造成的负面影响，避免由于开展阅读推广活动造成的资源浪费。政府在对图书馆的阅读推广活动进行监管时，要加强对其重点领域的监管，尤其是对图书馆的阅读推广专项资金的监管，使其做到专款专用。

（二）建立图书馆阅读推广的评价机制

建立图书馆阅读推广的评价机制包括制定阅读推广的评价标准和全面评价阅读推广的效果。一项阅读推广活动结束时，图书馆应参照一定的标准对该活动进行评价，判定活动效果，分析活动的不足和成功之处，及时公布活动结果，接受社会各界监督。图书馆全面、深入地评估每一次阅读推广活动投入的时间、人力、财力、物力、合作单位以及取得的效果和存在的不足等，为以后的阅读推广活动提供参考。图书馆举办阅读推广活动以提升民众的阅读素养为最终目的，应重视对阅读推广活动效果的评价。图书馆对阅读推广

效果的评价不仅应长期进行，还应对图书馆阅读推广效果的评价加以细化，评价效果的时间包括月评价、季度评价、年度评价，评价效果的范围包括整体评价与部分评价等。

四、加强图书馆阅读推广环境设施的建设机制

（一）营造良好的阅读环境

良好的阅读环境有利于读者进行阅读，这就要求图书馆在组织阅读推广活动时必须重视营造良好的阅读空间。图书馆是阅读推广活动的主要场所，是读者阅读行为发生的地方，优美的图书馆馆舍布局有助于营造舒适的阅读环境，促进读者更深层次的精神交流与沟通。图书馆的阅读环境包括外部环境和内部环境，图书馆的外部环境包括图书馆建筑及其周边环境。图书馆作为一个地区或一所大学的标志性建筑，其建筑外观应具有时代感，富有艺术魅力，充满人文气息，体现精神家园的功能，这有助于塑造读者的美好心灵以及构筑读者美好的精神世界。同时，图书馆还应加强周边环境的绿化。绿化可以减少尘埃、减少噪声、清新空气，营造生机勃勃的氛围，使读者流连忘返，沉浸于知识的海洋。图书馆是读者阅读的重要场所，也是阅读推广活动的主要场地。图书馆应高度重视其内部阅读环境的营造，内部设计应体现人文关怀，如安装无障碍电梯、扶手或特殊走道以方便残障人士；整齐摆放书籍、期刊、杂志等，并定期对它们进行杀菌消毒，以保障读者的身体健康；在阅览区、研习室、读者休息区等场所配置沙发、投影仪、空气净化器等，为读者营造温馨、舒适、优雅的阅读环境。

（二）完善基层图书馆的基础设施建设

目前，我国的基层图书馆建设已经取得一定的成绩，全国共有县级以上公共图书馆 2791 个，藏书 5 亿多册[①]，初步建成了覆盖全国的公共文化服务

①　彭英主编. 纪念改革开放 30 年陕西文化发展论文集 [M]. 西安：陕西人民出版社，2009.

体系。基层图书馆在阅读推广活动中发挥着重要的作用，拥有广大的阅读群体。图书馆的服务有一定的辐射范围，平均每一万人应拥有一所图书馆。相较于城市图书馆，基层图书馆的基础设施相对落后，这影响了其服务覆盖范围与辐射能力。因此，基层图书馆若想提高阅读推广效果，就必须改善基础设施，积极落实《公共图书馆建设用地指标》和《公共图书馆建设标准》的要求，达到国家建设标准。基层图书馆在推进阅读推广资源设施建设的过程中，要高度重视网络设施的建设，加强乡、镇、社区图书馆（室）及服务网点的网络设施建设，推进流动图书馆阅读推广设施建设，与农家书屋联手向农村地区提供基本的公共文化服务，形成比较完备的覆盖乡、镇、社区图书馆（室）的阅读推广设施网络建设。另外，基层图书馆还应加快推进阅读推广数字化建设，以阅读推广文化共享工程、数字基层图书馆阅读推广工程、公共电子阅览室建设计划等项目为抓手，大力推动全民阅读推广工作。

第四节　图书馆阅读推广的规范问题

一、图书馆阅读推广规范必要性

（一）有利于实现图书馆使命

图书馆是保障文献信息资源合理分配的制度安排，以保障公民文化权利（包含阅读权利）为基本职能，以为公众提供平等的公共文化服务和终身教育为使命。图书馆具有促进阅读、开展阅读推广的责任。对图书馆阅读推广进行规范，有助于图书馆阅读推广活动的组织、开展和实施，提升图书馆服务水平，实现图书馆保障公众平等获取文献信息权利和终身教育的目标。

（二）有利于发挥图书馆优势

图书馆作为保存、组织、传播文献信息的专门机构，具有成熟的文献信息服务理念、完备的文献信息保存和组织方法、便利的空间场所和设备设施、专业的人才队伍。尤其是专业的文献信息采集、整理、组织、挖掘工具和方法，能够准确把握文献信息的基本规律，深入、系统、科学地对文献信息中隐含的知识进行组织和挖掘，间接地影响读者的阅读选择、阅读兴趣、阅读行为和阅读能力。图书馆作为阅读推广前锋，其优势是其他组织无法取代的，这也是图书馆的核心竞争力所在。对图书馆阅读推广进行规范，有利于明确图书馆在各类阅读推广机构中的主体地位，发挥图书馆在文献信息方面的专业性、权威性优势。

二、我国图书馆阅读推广规范中的不足

(一) 法律制度政策支撑不足

图书馆作为阅读推广的重要主体缺乏法律保障。目前我国尚未出台阅读推广的专门法律，大多只是以法规、政策、规划、文件等形式提出图书馆要开展阅读推广、发挥阅读促进作用，但存在法律层级较低、效力不高，鼓励倡导多、规定约束少等问题，图书馆阅读推广缺乏制度保障。在机构设置上，阅读推广工作往往被分设在读者服务、参考咨询等部门工作内容中，很少进行单独行政设置，导致活动费用往往只能采取挤占其他项目经费和收取成本费等方法解决。图书馆阅读推广缺少长效运行机制。图书馆阅读推广活动应具有明确的目标与定位、完善的发展架构与思路、长期的品牌效应与反响。由于缺乏整体规划和政策引导，图书馆阅读推广活动常常自发产生、草率组织、随意发展，"应时应景应付"的节日活动和短期活动较多，功利性色彩浓重。

(二) 缺乏专业指导

尽管中国图书馆学会已成立阅读推广委员会，而且各省图书馆也相继成立了专业的阅读推广委员会，但是一些偏远地区的图书馆还是难以获得阅读

推广的专业指导。另外，读者阅读有一定的盲目性、局限性及功利性。很多读者对阅读有一定的渴望，但是到了图书馆却不知道找什么书籍，有的读者看别人借什么自己就看什么，找不到适合自己的书籍。

（三）缺乏完善的阅读推广效果评价机制

每次阅读活动后，没有对阅读活动的效果进行调查研究及效果评估，无法准确地总结活动的成功经验及存在的问题，也无法深层次分析读者的需求，所以需要建立相关的阅读调查机制。

三、图书馆阅读推广技术性规范

（一）应用新媒体技术

随着信息技术的应用与读者数字资源需求的不断增长，图书馆阅读推广活动不能仅采用传统的活动宣传手段和服务推广方式，应加大与阅读推广相关的新技术、新载体、新设备的开发与应用力度。图书馆在阅读推广的过程中，应注重运用新媒体技术手段，扩大受众范围、丰富形式载体、增强实施效果、深化内容深度。图书馆阅读推广的重点是通过深入阅读推广客体的内容，把握文献中知识的运动规律，挖掘其中的信息点和知识点，实现由传统服务向智能服务、资源推荐向知识推荐转变，最大限度地发挥文献信息资源的价值。

（二）制定阅读推广专门法和相关法

应加快构建全民阅读（阅读推广）法律法规保障环境体系，通过立法保障图书馆阅读推广的开展与实施。应将《全民阅读促进条例》的法律层级上升为《全民阅读法》，明确和阐释全民阅读的基本原则，强调图书馆作为阅读推广重要主体的地位，对具体操作事项做出相应规定，为图书馆开展阅读推广活动提供保障和支撑。在《公共图书馆法》中规定公共图书馆开展阅读推广的性质、运行规则、人员队伍和专项经费保障等内容；明确公共图书馆阅读推广与其他组织合作规则。此外，阅读推广相关法中应加入整体性评估标准和绩效评估等内容，以检验评价实施情况。

（三）完善阅读推广效果评价机制

阅读推广活动只有坚持理论指导，并通过实践活动来逐步完善。每次阅读活动以后，问卷调查设计、研究与分析、效果评估是阅读推广活动不可或缺的环节。只有通过每次阅读活动的调查与分析，才能总结经验，才能更好了解读者潜在的需求，进而为下一次的阅读推广活动做指导。

（四）形成图书馆阅读推广操作规范

阅读推广工作的流程化与规范化是图书馆阅读推广实施性规范的重要内容，应对阅读推广进行项目管理或过程管理。图书馆开展阅读推广活动要有严谨完善的活动策划、充分的前期准备、及时的宣传报道、有效的实施流程以及长期的活动支持。只有阅读推广业务内容明晰、业务流程规范、业务操作有章可循、有规可依，才能保障图书馆阅读推广活动的质量与效果。此外，图书馆员应负起指导阅读的责任，对读者的阅读进行专业引导。在当前全民阅读的环境下，图书馆阅读推广规范的全面建立势在必行。虽然目前来看，建立完整的图书馆阅读推广规范体系尚需较大努力和较长时间，但是一定要掌握好"度"的问题。图书馆阅读推广规范既不能变成"一刀切"的强制规定，又不能违背图书馆的知识中立立场，与图书馆核心价值相违背。应充分运用文献信息学的理论、方法、技术，加强对阅读推广实践的指导，通过规范更好地推动图书馆阅读推广健康、良性、长远地发展。

四、图书馆阅读推广的意义与使命

图书馆是全民阅读活动的主体，基于全民阅读的阅读推广工作是图书馆的一项根本性的任务。图书馆不能在倡导全民阅读时代缺席，而是应该发挥主体地位，当仁不让，勇担使命。首先，融入发展与氛围营造。图书馆和其他全民阅读主体一起，融入学习型社会建设，积极推动全民阅读，让阅读成为一种氛围，无处不在。其次，传承文明与文化自信。图书馆是人类文明的宝库，阅读推广已经被赋予了崭新的时代意义，关乎中华民族的文化自信和复兴之路。再次，进行读者培育与精神家园建设。传承文化，培育读者，构建起中华民族的精神家园。最后，重视馆员发展与服务社会。在活动过程中，馆员履职能力得以发展，更好地服务社会，体现图书馆的社会价值。

五、图书馆阅读推广的机遇与挑战

阅读推广是图书馆服务的转型变革或解决方案，具体到每个图书馆，应有大格局、新视野，从而促进图书馆整体工作谋划，不能肤浅地、片面地认为阅读推广就是简单搞搞活动，应该抓住机遇、统筹安排、以点带面、以面托底、点面结合，这样才能推动图书馆整体工作的提升及馆员队伍的建设。首先是资源优化与需求推动。信息资源作为图书馆阅读推广的根基和保障，二者应该是互为支撑、互为推动力的循环提升圈。阅读推广对策研究要对读者需求进行调研分析，并提出解决方案；抑或通过各种数据的抓取分析读者阅读行为；借由书目书展、读者推荐等活动契机进行专题图书补全、破损图书补新、专用图书采购。其次是空间建设与环境推动。为适应服务活动化对场地的特殊需求而进行空间改造，为不同的阅读推广场景选择或建立合适的空间与技术，提出适合特定图书馆阅读推广实践的阅读推广环境解决方案，如影视欣赏空间、经典阅读空间等。再次是读者发展与认知推动。通过活动中的营销策略或美好体验提高读者对图书馆的认知，引起读者兴趣而发展读者，让图书馆得到更充分的利用。最后，队伍培养与服务推动。每一个服务方向对能力都会有特定的要求。因为是新型服务，需要鼓励、培训、激励一定人员承担、胜任工作，一方面促进队伍建设，另一方面倒逼图书馆管理机制与之适应，提升服务水平。

第三章　图书馆阅读推广的创新发展

第一节　利用新媒介促进图书馆阅读推广

随着媒介技术的发展，媒介组织进一步走向联合，"媒介融合"已经成为一个急速发展、影响极其深远的媒介生态现象。阅读作为传统媒介与新兴媒介都高度聚焦的领域，也不可避免地受到媒介融合的巨大影响，阅读对象从印刷型读物延伸到音频广播、模拟视频、数字多媒体读物，阅读活动的环境从固定地点、固定时段拓展到任何时段、任何地点，同时读者的阅读方式、思维模式、价值评判标准也发生着巨大变化。因此，面对传媒时代的剧烈变革，图书馆如何准确把握媒介融合的特点，有效发挥媒介融合的优势，从而更广泛、深入地推动阅读，是一个值得认真研究的课题。

一、利用新媒介开展阅读推广的特点

（一）移动性强

以手机为主要代表的移动终端是新媒介在阅读推广中的主力。移动终端提高了信息传播的效率，增强了阅读推广的移动性。利用手机，读者可以随时随地获取阅读推广信息，观看并分享阅读推广信息内容。在读者群中，手机与手机间的分享互动，使得阅读推广范围扩大，加快了信息内容的传播速度，实现了新媒介在阅读推广中信息传播的动态化和移动化，提高了信息资源在读者群中的共享与传播。

（二）富有个性化

数字时代，读者个性化意识越来越强，大众盲从的阅读心理渐渐消失，他们对阅读有主动选择的权利，借助信息技术他们可以轻易找到想要阅读的内容。读者寻找阅读信息时会留下印迹，如阅读的内容、访问的网页、个性化标签等，这些能让新媒介捕捉到读者的兴趣爱好。阅读推广主体会根据捕捉到的读者特点和需求，明确阅读推广的对象，有针对性地推送读者感兴趣的内容，满足读者个性化需求，促进阅读推广质量和效率的提高。

（三）交流互动活跃

读者在阅读之余，渴望与其他阅读者交流互动，分享自己的阅读感受。交流互动可促进信息内容的广泛传播，这是新媒介进行阅读推广的重要途径。在新媒介中，读者可以根据自己的兴趣爱好与其他读者相互关注，建立互动交流，形成新媒介用户群。群体中的用户可以开展信息交流、互动、创造、传播。阅读推广主体可以与这些读者群相互关注，交流互动，这样，阅读推广主体发布的信息内容可以通过读者群分享传播，吸引更多的读者关注阅读推广活动。

二、新媒体环境下图书馆阅读推广面临着新的机遇和挑战

（一）读者获取信息与知识的途径日趋多样化

随着信息技术的快速发展，读者获取信息与知识的途径呈现出多渠道、多元化、多媒体的新特点。新媒介阅读作为一种重要的阅读方式日益普及，从在线阅读、电子阅读器阅读，发展到以手机、平板电脑等移动终端为载体的无线阅读。新媒介环境下，读者的阅读需求活动对作为物理状态的图书馆的依赖程度明显降低，分布式数据库状态的虚拟图书馆在满足读者信息需求中发挥了巨大作用。学生足不出户通过移动阅读设施就能及时获取信息。这些对图书馆开展基于新媒介、多终端的阅读推广服务都提出了新的要求。

（二）读者对图书馆的服务提出了更高、更深层次的需求

随着信息技术的高速发展和广泛运用，图书馆的馆藏形式发生了显著的改变，目前图书馆的资源建设正经历着从原始资源采购到资源授权、从图书馆自行采购到完全受用户驱动的演变，读者对文献信息的需求呈现出多元化的趋势，图书馆馆藏建设应本着以学生为本的准则。新媒介技术的发展给图书馆阅读推广带来挑战的同时，也为图书馆业务和服务的提升与发展带来了新的机遇，图书馆可以在更广阔的平台上拓展服务范围，创新服务模式，提升服务能力，推动业务发展。

三、利用新媒介进行阅读推广的策略

（一）提升馆员能力与强化部门整合相结合

立体式宣传报道要求对现有的宣传推广流程再造，深度整合校园内各种推广力量，无论是处于何种岗位的图书馆工作人员，媒介融合背景下的阅读推广都对其提出了"一专多能"的全媒体工作要求，不仅要具备妙笔生花的写作能力，能够轻松应对短篇网络新闻与长篇深度报道的写作，而且要具备优秀的摄影、摄像、音视频后期处理能力，还要熟练掌握全媒体营销运营能力，让阅读推广的作品更具交流性、传播性。强化部门整合主要是加强图书馆负责阅读推广的宣传部门与学校宣传部门在阅读推广宣传方面的力量整合，这是由于这两个部门所采集的内容、宣传的重心、报道的形式以及用稿需求差异不大，从而可以联合组建后台编辑队伍进行统一的策划、整合、推广和营销。

（二）组织丰富的新媒介阅读活动

图书馆在阅读推广中可以成立各种各样的读者新媒介阅读组织，如阅读指导委员会、读书会、读书沙龙、读者协会等，负责新媒介阅读活动的调查和指导，会同学校相关组织举办各种新媒介阅读论坛，定期邀请一些专家学

者来传授新媒介阅读的方法、技巧；举办图书馆宣传服务月，邀请数据库商来学校做数据库资源利用讲座，以期提高学生利用图书馆资源的能力，提高他们的阅读层次。此外，还可举办阅读竞赛、阅读成果展、评选新媒介阅读之星等阅读活动，以各种方式来提高读者阅读素养。

（三）建立学科馆员制度，提高服务深度

学科馆员是指具有学科背景、以学科划分业务工作和读者服务工作的新型馆员，他们既熟悉本馆所拥有的各种信息资源，具有较强的文献信息检索、组织能力，又熟悉各学科教学科研情况，在新媒介阅读推广中，学科馆员要深入对口的院系了解师生对馆藏数字资源的需求，最大限度地帮助他们解决问题，满足其阅读及科研的需求。学科馆员在服务上可以采取"走出去"的策略，主动联系自己对口的学院，定期组织学院的学生开展新媒介阅读的讲座，介绍图书馆的馆藏电子资源及网络资源的获取和利用方法以及图书馆所开展的一系列新媒介阅读服务，如图书馆开通的微博、博客、短信服务、推送服务、电子阅读器外借服务等。

（四）注重新媒介阅读推广体系的多元化

一是新媒介各种平台的阅读内容要方便读者阅读、观看。如目前图书馆的微信公众平台的服务内容包括馆藏查询、通知公告、书证查询、图书馆推荐和热门借阅这几大板块，如能将美文阅读、经典作品赏析、历史文化及音乐鉴赏等内容直接放于公众平台，可方便读者随时阅读欣赏，从而促进阅读推广。

二是通过新媒介开展网上阅读推广活动。图书馆可以将一些传统阅读推广活动转为线上活动，如微信读书会。传统读书会的开展受场次、地域限制，而微信读书会则打破了这种限制，只要读者使用安装了微信 App 的智能手机，连接网络就可以免费参与。读者利用微信交流读书心得，讨论焦点话题，不依赖单一和单向的点对面传播，这种自由便利，有利于读书会的推广和普及，促进全民阅读社会风尚的形成。除此之外，图片影像展、在线阅读知识竞赛、各类读者调查活动等也可以在线上开展。

综上所述，图书馆应适应信息时代的发展，充分利用新媒介进行综合阅读推广，使阅读推广活动更有吸引力和生命力，从而提升校园人文气息，传播校园文化，营造阅读的环境氛围。

第二节　阅读立法中的公共图书馆阅读推广

用立法来保障阅读权利，建立阅读推广的长效机制，在国外早有先例，这包括了颁布专门的阅读法规，修订现行法律，或颁布相关部门法规来促进阅读。我国关于阅读立法已经取得重大突破，全民阅读立法已纳入国家立法计划。阅读立法环境下，对图书馆阅读推广工作提出了更高要求，需要图书馆及时顺应形势，转变服务理念和工作方式，切实做好公共图书馆阅读推广工作。

积极开展全民阅读对中国具有划时代的历史意义。我国全民阅读活动由浅入深，从小范围的推广扩展到全国性立法保障，政府及民众对全民阅读推广的重要性认识越来越深刻，从这一点表明，我国已经把促进全民阅读，扩大阅读范围，提升阅读质量，作为增强国家文化软实力的重要举措，全民阅读立法也被列入到了国家重要立法规划。将全民阅读计划纳入国民经济和社会发展规划中，实现了过去由零散到国家战略性部署的转变，阅读推广工作开展过程中，由政府提供基本保障，阅读惠及每一个民众，并保证特殊群体、少数民族地区、边远地区群众的阅读权利，提升国民整体阅读水平。在阅读立法大环境下，公共图书馆作为阅读推广的重要机构，应充分认识到自身在阅读立法背景下所扮演的重要角色，及时调整图书馆阅读推广政策，切实做好全民阅读推广工作。

一、阅读立法的必要性

（一）阅读立法提升了国民整体阅读水平

法律具有强制性，但阅读本身作为个体私人行为，不应受到法律的调整和规划。国家阅读立法要强制规范的并非私人阅读行为，而主要是以法律手段保障社会大众阅读权利，促进私人阅读，提升国民整体阅读水平。因此，通过专门的阅读立法，对于高效推进我国全民阅读计划更好更快地实施，指导和统筹各地全民阅读开展都具有十分重要的现实意义。同时，阅读立法能够使全国范围的全民阅读推广活动的推进和开展有法律依据，并通过法律的引导作用鼓励地方根据实际情况，灵活对阅读推广活动作出调整，以达到提升国民整体阅读水平的目的。在阅读立法进程中，有些地方已经率先实现立法突破，使地区间的阅读立法得以真正实现。这些地方法律法规条款，在一定程度上补充了《全民阅读条例》，体现的是《全民阅读条例》的基本精神和基本原则，都是坚持以政府为主导，社会大众全面参与，从社会广泛建设等方面对保障全民阅读实施进行了规定。

（二）阅读立法明确了权利义务主体

在阅读立法进程中，首先应明确权利义务和主体，尤其是要明确政府的责任和权利义务及特殊人群的保障问题，制定完善的责任主体惩罚条款。首先，明确责任主体。阅读立法的责任主体是政府，要想确保全民阅读活动更好更快地顺利推进实施，就需要政府部门统筹规划，确定由下至上分级管理的模式，由中央政府统一领导，地方政府遵循指导意见，强制要求，根据地区实际情况发挥政府的主观能动性，灵活调整阅读推广活动，确保全民阅读能够顺利进行；其次，明确各方权利义务。阅读立法过程中会涉及责任主体、政府、相关组织以及公民。其中政府及相关组织主要以义务性条款作为约束，而公民主要是享有权利的一方；最后，制定责任主体惩罚条款。政府部门既然作为阅读立法的责任主体，应严格按照相关法律规范，履行自己应尽的义务。当政府未按照国家法律规范履行应尽的义务时，必须受到惩处。为了确保全民阅读推广活动的顺利推进，防止推诿拖延等情况出现，必须以法律形式明确惩处条款。

二、公共图书馆阅读推广在阅读立法中扮演的角色

（一）公共图书馆的场所和设施能够有效推动全民阅读开展

公共图书馆拥有较大的场地，部分规模较大的公共图书馆，甚至还拥有少儿阅览室、盲人阅览室、老年活动室、创意活动区等，能够满足各个年龄层次、各行各业人群在这里进行阅读。此外，随着以计算机互联网为代表的信息技术在各行各业成功应用，公共图书馆积极构建数字化图书馆，在图书馆内部，出现了众多包含电子期刊、电子图书数据库在内的电子文献资源。公共图书馆内部的科技设备，也能够满足社会大众的全民阅读需求，保障阅读推广活动具有多样性。

（二）公共图书馆是全民阅读书目的推荐者和采购者

《全民阅读条例》中明确指出，在开展全民阅读推广过程中，要发布包括数字化出版物在内的全民阅读基础书目和分类推荐书目。公共图书馆作为综合性的图书馆，应该将全民阅读指导委员会发布的全民阅读基础书目的部分或全部纳入采购计划中。在条例中明确规定了公共图书馆要向社会大众提供优秀读物。由此可以看出，公共图书馆在全民阅读书目推荐和采购方面扮演着十分重要的角色。一个地区的公共图书馆作为图书流通最多、读者量最大、与读者接触最为频繁的公共场所，对公众阅读需求、阅读偏好、图书流通价值都最具有发言权，在日常工作过程中，也需要经常做相关书目推荐活动。阅读推广过程中所产生的各种资源、经验在开展全民阅读推广过程中，具有很高的参考价值。因此，公共图书馆作为全民阅读书目推荐者和采购者

当之无愧。

（三）公共图书馆是阅读推广人才的培养基地

阅读推广人才并不一定是图书馆人，他们可以是任何专业任何阶层的人或组织。但公共图书馆拥有众多图书文献资源，对培养阅读推广人才有着自身得天独厚的优势。阅读推广人才不管是什么专业、什么阶层，这个群体共同的特性就是与阅读密不可分。而公共图书馆拥有广泛的阅读载体，在开展相关阅读推广活动、讲座、展览时，也具有丰富的经验。因此，各个单位各个阶层在开展全民阅读推广过程中，通过和公共图书馆直接合作，或直接将公共图书馆作为培养基地，能够确保阅读推广工作更加顺利。

（四）公共图书馆是阅读推广活动的辅助者

《全民阅读条例》中明确指出，积极鼓励各单位在组织内部开展全民阅读活动，并鼓励设置阅览室，吸引广大职工参与到阅读推广活动中。而对一些没有开展过阅读推广实践的单位来说，在最初开展阅读推广活动或设立阅览室时，往往会存在建设力度不足，建设流于形式等问题。而作为一个地区的公共图书馆，因为拥有丰富的阅读推广经验，能够为各组织开展阅读推广提供一定的借鉴，是地方各机关、单位开展全民阅读推广的辅助者和指导者。在具体工作开展过程中，公共图书馆可指导各单位科学分类采购图书，科学布置阅览室，并做好后期管理和阅读推广主题选取工作。

三、阅读立法大环境下公共图书馆阅读推广对策

（一）多方面合作开展联合推广模式

公共图书馆作为全民阅读的主体，常常会独立开展阅读推广活动，推广模式较为单一，受资金、设备、人员制约性较大，常导致全民阅读推广活动开展效果较差。目前，图书馆之间的合作、图书馆与出版单位、经销单位之间的合作较少，合作模式较为单一。而在阅读立法大环境下，使阅读推广主

题进一步得到扩大,《全民阅读条例》要求政府、机关单位甚至更多组织团体全面参与到阅读推广活动中,实现全民阅读。在这一背景下,公共图书馆有机会与更多的团体一起开展阅读推广活动,以降低自身成本投入,确保阅读推广活动更加多元化和多样化。在全新历史时期,公共图书馆要逐渐适应这种多主体联合推广的阅读推广模式,做到因地制宜,让阅读推广效能发挥到最大化。

(二)建立阅读推广反馈机制

公共图书馆在开展全民阅读推广活动中,通过长期的阅读推广实践,势必会在社会大众中产生一定的正面影响,从而达到阅读推广应有的目的。但在具体阅读推广工作开展过程中,所制定的推广计划实施情况如何、获得了哪些具体效果,例如推广活动所涉及的未成年人的阅读量是否上升,特殊人群阅读推广活动是否能照顾到等问题不能很好地评估,因此不能很好地衡量阅读推广效果。在阅读推广活动开展过程中,公共图书馆消耗大量人力物力财力,最终获得的结果不能进行定性定量评估,常常导致图书馆阅读推广活动流于形式。所以,在阅读立法环境中,构建阅读推广反馈机制十分有必要。公共图书馆在开展全民阅读推广活动之后,能够收集到相应的反馈结果才能更好地对本次阅读推广活动进行全面分析评价,并在现有基础上对阅读推广活动进行改进,以期为后续活动开展提供参考。

第三节　人工智能阅读与图书馆阅读推广

随着人工智能(AI)时代的到来,AI 在教育、出版领域的应用,革新着传统的阅读方式,驱动着 AI 阅读的产生和发展,进而对图书馆的阅读推广工作提出了新的要求。图书馆开展人工智能阅读推广的关键就在于阅读推广场景的构建与实现。图书馆人工智能阅读推广的场景可以分为陪伴式阅读推广场景、自适应阅读推广场景、游戏化阅读推广场景等。

处于人工智能时代，预示着 AI 将会为人类带来能够解决复杂问题并回答难题的更先进的机器人和自动化系统。在社会应用层面，AI 的快速发展其实让社会民众对 AI 的应用已不再陌生，特别是随着我国将 AI 上升到国家战略高度以来，AI 的应用与突破让人目不暇接。人类已经步入"AI 阅读"时代，AI 机器阅读这一突破也引起了包括图书馆等社会阅读推广机构对于如何更好开展用户阅读推广、提升阅读效能的思考，并对 AI 机器视觉、语音识别、语义理解等阅读推广的深度应用充满了期待。

一、AI 阅读已成为一种发展趋势

2018 年 4 月 13 日，2018 中国数字阅读大会人工智能峰会——《AI 赋能阅读》在杭州举行，与会的全国优秀 AI 专家、创业者、出版专家、媒体从业者就 AI 让数字阅读内容和阅读方式更加个性化、智能化，AI 支持数字阅读全双工交互、多轮对话、所见即可说，利用 AI 增强现有数字阅读体验、增加新的体验场景和内容把控，AI 内容实现精准预测新闻和推送等领域进行了交流，共同探索了 AI 与阅读文化的无限可能。

（一）AI 阅读发展的驱动应用

VR（虚拟现实）、AR（增强现实）、数据可视与洞察认知计算（复杂决策辅助）、情感计算（学生情绪反馈）、高级机器人技术（陪伴教育机器人）、基因技术（天赋检测）在多个教育场景的积极探索应用，都预示着下一波教育的核心驱动来自以人工智能为核心的"科技+教研创新"的融合，并朝着智能化方向发展，以保证学习效果、提高教育资源供给、实现教育公平。在这一发展态势下，AI 教育浪潮席卷而来，目前，我国多层次教育体系正朝着"人工智能+X"的复合专业培养新模式建设。同时，一批 AI 教育实践也精彩纷呈，在基于个性化学习、虚拟学习助手、商业智能化、专家系统等四大应用场景基础上形成了个性化学习、自动问答辅导与答疑、智能测评、模拟和游戏化教学、教育决策、幼儿早教机器人等应用领域。如在智能测评领域，借助大数据、文字识别、语音识别、语义识别等技术，使得规模化的自动批改和个性化反馈走向现实，目前已在全国大部分地区和学校中应用。

在出版领域，市场上已经出现多种相关专业的电子书，以趣味性的故事情节和专业的 AI 知识引导青少年学习编程，该类电子书的出版也标志着出版领域的 AI 革新到来。但不论是 AI 在教育还是出版领域的革新影响与应用，于知识供应、传递链下游的阅读而言都是革新驱动。如语音识别、图像识别等技术应用对阅读行为中信息获取的方式影响、自然语言理解技术应用对人们阅读行为中信息需求的准确表达影响、深度学习技术应用对阅读内容对用户需求的精准匹配影响等。

（二）AI 影响下的阅读变革

业界一致认为，AI 的发展由计算智能阶段、感知智能阶段和认知智能阶段三大阶段组成，目前正处于第二个发展阶段，即感知智能阶段，AI 可以看懂听懂，并做出判断、采取行动，帮助人类完成看和听的相关工作。而在这一阶段的 AI 应用又分为三个层面：第一个层面为运算智能，指的是机械能存会算；第二个层面是感知智能和运动智能，让机械能听会说，能看会认；第三个层面则是能理解会思考，AI 可以通过自然交互、智能学习助推阅读行业进行改变。显然，对人类的阅读来说，AI 将进一步推进信息的获取，使得阅读所需要获得的信息可通过即听即见（自动将语音实时转换成文字）、智能协作（通过人工智能的方式，由机器来协助创作者进行相应的校稿）和智能创作（通过机器人对大数据的分析判断将情感赋予到创作当中）等有更多更好的承载方式。

从 AI 对阅读思维的变革来看，首先，AI 阅读将跨越时空的限制。AI 通过依赖优质的内容和场景应用，让时空不再限制人类对阅读的多器官感知；

其次，AI 让全方位多感官感知成为一种常规体验。机器语言处理、自然语言理解、信息抽取与知识挖掘、搜索引擎、语音识别等技术将让 AI 阅读成为一种越来越接近人类语言理解和人脑处理的多感官交流体验，从单一感官感知的单向知识信息传递向基于多器官感知和体验、双向的信息互动乃至信息交流方向发展，最终实现真正的人性化、个性化智慧服务。最后，AI 阅读不只是一种信息传递与获取行为，而更是一种生态构建。这是因为传统的阅读方式只是人类获取知识的信息行为，发展至数字阅读时代也都不曾改变，而借助于智慧阅读平台或阅读场景的 AI 阅读，其构建了一种涉及内容审核、AI 实时评估、AI 辅助创作、AI 客服、文字识别、闪念存储、内容速度拆解、关联阅读、娱乐阅读、用户声音等技术处理环节的"AI 阅读"生态。

二、AI 赋能的图书馆阅读推广

作为计算机科学的一个分支，AI 是研究人类智能活动的规律，构造具有一定机器智能的人工系统，研究如何让计算机去完成以往需要人的智力才能胜任的工作，也就是研究如何应用计算机的软硬件来模拟人类某些智能行为的基本理论、方法和技术。从 AI 在教育、出版的应用及驱动产生的 AI 阅读变革来看，我们需要对传统的劳动密集型、知识集约型阅读重新定义，并据此对图书馆的阅读推广进行新的研判与变革。

（一）AI 让图书馆阅读推广成为无限可能

图书馆承担的阅读推广职责不但是现代图书馆存在的价值所在，也体现在近年来制定颁布的一系列法规、规程中。如《公共图书馆法》第三十三条规定公共图书馆应当按照平等、开放、共享的要求向社会公众提供阅读推广等服务，公共图书馆应当通过开展阅读指导、读书交流、演讲诵读、图书互换共享等活动，推广全民阅读。图书馆应积极参与校园文化建设，积极采用新媒体，开展阅读推广等文化活动。在信息时代、知识时代，图书馆一直都是阅读推广的坚定执行者，AI 时代的到来，则进一步拓宽了图书馆阅读推广的边界，赋予了图书馆阅读推广无限可能。如 AI 让图书馆阅读推广鼓励读者自己建立学习单位、进行主题式的探究学习；AI 让图书馆阅读推广进一步打破了空间、时间限制，把学习、阅读场所延伸至任何一个空间和时间；AI 让图书馆的阅读推广拓宽了知识来源，图书馆员和图书馆在 AI 阅读推广中也一起成长与发展；驱动图书馆在 AI 新技术的帮助之下，探索更多的阅读形式，如阅读的游戏化、阅读的可视化体验等；AI 让图书馆阅读推广更加关注用户的个人体验，并通过对读者的阅读创造性思维成果进行评估来改进阅读推广方式等。

（二）图书馆 AI 阅读推广场景的构建与实现

有学者认为，AI 时代，场景落地和技术研发是关键。AI 需要逐个领域去构建应用场景。图书馆 AI 应用场景构建可以分为时间场景构建与空间场景构建两个维度，但从构建的类型来看，则可以分为陪伴式阅读推广场景、自适应阅读推广场景、游戏化阅读推广场景等的构建。

1. 陪伴式阅读推广场景

陪伴式的阅读学习一直是传统的家庭阅读推广、校园阅读推广所强调的，而 AI 技术则通过对虚拟的情景角色设置，让读者在阅读学习中寻找到一位"小伙伴"，其不仅能虚拟助读和陪练、相互鼓励和启发，更能通过对读后效果的分析与测算、反馈提升用户的阅读效果。如想象力英语是由美国少儿英语教学专家、儿童心理学家、前好莱坞团队、IT 专家联袂打造，其通过让孩子体验真实生活、学习情景中如何运用语言，让"小伙伴"与孩子一起阅读学习，相互鼓励启发。又如"音乐笔记"就是音乐教育领域的陪练机器人，其通过智能腕带和 App 结合，利用可穿戴设备和视频传感器，对钢琴演奏的数据进行实时采集分析，并将练习效果反馈和评价呈现给用户。图书馆可以借鉴上述案例，通过第三方平台如 App 的开发与应用，为图书馆用户的阅读推广构建陪伴式阅读场景，并提供诸如机器答疑、智能提醒、成长定制、内容推送、读后效果测算等方式，让图书馆的用户在智能陪伴下进行阅读与学习。

2. 自适应阅读推广场景

自适应阅读就是通过 AI 算法，将获取到的用户阅读学习的数据分析反馈给用户，并可以通过知识图谱等方式进行呈现，为用户提供个性化难度和个性化节奏的阅读内容、阅读进度与阅读方式，从而提高用户的阅读效率和学习效果。传统的阅读推广如书目推荐等，是一种粗放型的资源组织与推送，难以做到自适应阅读，强调的以个人为单位进行的阅读内容、阅读进度计算与推荐，阅读内容与测评内容的个性化程度不高。图书馆可以借鉴 AI 在教育等领域的典型场景应用，在现有下一代资源发现平台、图书馆智慧服务平台、机构一站式服务系统的基础上进行基于用户阅读场景构建的升级与改造，通过基于用户阅读行为等大数据分析的用户画像构建，为用户提供一个包含了知识图谱、图像识别、语言识别、智能翻译、自然语言集成化处理等数据服务、智慧服务等内容的图书馆智慧阅读服务平台，构建 AI 时代的自适应阅读场景。

3. 游戏化阅读推广场景

AI、VR、AR 等技术的发展让人类对未来生活的虚拟化、游戏化呈现与体验不再困难。VR 游戏通过搭建虚拟环境系统，配合游戏道具，可以让玩家得到更加真实的线上+线下的沉浸感体验和服务感知，用户可以在一定的空间内通过包括嗅觉、味觉、触觉、听觉和视觉的多器官刺激，以及 360 度全方位的移动、奔跑、瞄准、射击等动作，提升用户更加逼真和刺激的体验效果。其实图书馆已在阅读推广的多个场景构建方面尝试了诸多的游戏化实现、链接方式。AI 在出版领域的应用，也为图书馆 AI 游戏化阅读推广场景的构建提供了实现的基础。如《小红帽》电子书的出版。在这个故事里，孩子帮助小红帽会影响到故事结尾的设定，而不同的花朵代表不同的路径，也许会偶遇美丽的鸟儿，也许会有其他的惊喜，最终到达目的地。通过这些游戏化的互动，孩子能够很好地开始他们的探索求知，更亲近阅读。图书馆可以借鉴和进一步深化 AI 的游戏化应用，通过技术的应用和商业化平台引进等方式升级、丰富这些线上和线下场景相结合的构建方式与服务内容，为图书馆的阅读推广注入更大的活力与吸引力。

　　AI 阅读，就是借助 AI 技术，使得阅读所需要获得的信息可通过即听即见（自动将语音实时转换成文字）、智能协作（通过人工智能的方式，由机器来协助创作者进行相应的校稿）和智能创作（通过机器人对大数据分析判断将情感赋予到创作当中）等更多更好的承载方式实现阅读的 AI 化。图书馆 AI 阅读推广，就是要聚焦场景，设计出能够发挥图书馆馆藏内容优势的场景。而阅读推广的场景可以是智慧阅读平台，帮助用户实现个人单位的阅读管理、评估、定制等，也可以是阅读评估系统，通过大数据分析评价用户的阅读能力，并将其数据反馈给用户进行个人的阅读计划、阅读内容和阅读选择调整，以及上游的出版社改进出版产品，并最终驱动教育生态的良性发展。同时，在改变上游出版产品和整个教育生态的过程中，由于 AI 能很好地理解人的情绪和思维，故图书馆 AI 阅读推广不仅能实现对用户需求的精准化匹配推送，更能通过推广服务内容的精准化实现对用户的情绪管理和思维引导，让用户进一步加深对阅读内容的理解和对人工智能思维的培养。

第四章 图书馆阅读推广的应用实践

第一节 图书馆阅读推广在微信中的应用

近年来，微信已成为人们主要的信息交流工具，依靠庞大的数据与逐渐完善延伸的功能，对人们社会生活的影响越来越大。而图书馆作为信息交流的平台，可促进社会进步、提高大众精神生活质量，结合新技术可给读者带来更好的阅读体验。将微信与图书阅读推广工作密切结合可以提高读者阅读积极性，具有非常重要的意义。

一、图书馆应用微信推送阅读服务的主要优势

(一) 微信多样化的传播方式，便于推送丰富的阅读内容

目前，微信中可使用的功能较多，结合语音、图片、视频等方式，可以向人们提供完整和直观的图书内容，有利于图书馆给用户推送各种图书的详细信息，提升大众的阅读体验。

(二) 根据微信用户的需求和兴趣，有针对性地推送阅读内容

微信平台每天向用户推送很多信息，其中有部分内容不是用户真正需要、感兴趣的。随着微信用户获取信息的途径增多，人们能够按照个人的需要和兴趣选择性地查阅推送内容，屏蔽那些不需要的信息。图书馆可以利用大数据分析功能更有针对性地推送人们感兴趣的内容。

（三）微信的转发功能扩大了阅读推送内容的范围

微信的推送功能方便人们自由转发和分享信息，经过信息的相互推送，内容的传播速度直线增长。有读者会把自己感兴趣的信息转发到朋友圈或好友群，这可以扩大阅读推送内容的范围，使推送信息有效传播。

二、图书馆应用微信推送阅读服务的思路

（一）充分利用微信公众号进行推广

微信公众号是通过使用微信的用户成功关注并选择接受相关内容推送，向订阅的受众推送内容，并可对关注人群进行分类管理。图书馆是面向社会的服务组织，完全可以利用微信公众号向人们推送各种形式的内容，通过视频、图片等方式，清晰地传达给读者，以提高阅读量。

（二）利用微信朋友圈和微信读书会，提高评价反馈

可以通过微信用户在朋友圈内分享相关内容，使好友在完成互动的同时接收到图书馆发布的阅读内容。另外，创建微信读书会也是图书馆推送阅读内容的有效途径之一，读书会能够打破传统意义上对各项因素的严格限定，并通过收集评价反馈进行分析与总结，逐渐完善。

（三）微信与微博密切结合，实现与用户的互动

微博的信息传播一般是"一对多"，传播效率强，而微信则是"一对一"，针对性强。图书馆进行相关内容推送时，可以按照这两个工具各自所具有的传播特性进行推广，二者相互弥补、共同发展。使用微博传播扩大受众范围，通过微信进行针对性交流，采取多种信息交流形式推送有关内容，实现与用户的互动，注重评价和交流，将推送的相关内容进行反复传播，对人们的阅读进行有效引导。

三、图书馆应用微信推送阅读服务的策略

(一) 加强对图书馆微信平台的宣传

将被动收到信息的微信用户排除在外，图书馆需要主动传播本机构的网页等信息，通过用户参加活动和讲座、参与官方微博互动、二维码"扫一扫"等形式推广图书馆微信公众号，这样可以有效提升人们对图书馆微信公众号的订阅和关注的力度。此外，图书馆微信公众号也可以通过"附近的人"等辅助功能，寻找附近使用微信的用户，向这类人群进行相关内容的推送与介绍，提高用户对推送内容的兴趣，增加粉丝量。

(二) 注重微信公众号推送的信息质量

在相关内容编辑和推送过程中，图书馆微信公众号要始终牢记内容至上的原则，一切以人们的感受为中心。推送的内容要有趣、直观，并且保持持续不断地更新信息，积极获得更多人的关注。实践证明，推送内容的数量、时间、信息是否具有针对性等，将对公众关注产生较大的影响。

(三) 利用微信持续推出的新功能、新应用，挖掘推送新途径

图书馆应当利用微信不断更新的功能，改进公众号推送内容，引领用户进行阅读。比如利用人们订阅相关内容的数据，向读者推送有针对性的阅读内容；利用地理优势向用户推送就近图书馆的有关内容，包含离用户最近的图书馆的具体位置、乘车路线等信息，完成向读者推送图书馆阅读服务。综上所述，微信是一个优势巨大的交流平台，既能满足大众实时掌握信息的需要，也能使图书馆准确地推送相关阅读内容，可以多样、直观地呈现知识。因此，要充分利用微信的各项功能来发挥图书馆的优势，从而使图书馆推送的信息富有时代性，并不断完善和发展。

第二节　图书馆阅读推广在微博中的应用

微媒体时代，微阅读的阅读对象、阅读方式都呈现出新的特点。如何将微博平台与阅读推广有效融合，打造阅读推广微空间，成为图书馆阅读推广共同面对的新命题。在微博、微信盛行的当下，各个省市、图书馆在微信公众号上的推送内容日益增多，而在微博上，近年也有越来越多的推送内容微博图书馆互动平台，利用这一新兴社交平台为读者提供更加方便、快捷的服务。

一、微博的阅读推广优势

（一）阅读资源的即时更新性

众所周知，互联网的传播速度是相当迅猛的，想要最快速地了解互联网上的信息、新闻，微博无疑是个不错的选择，图书馆可以借助微博平台，使读者能够快速了解阅读资源的更新，读者可以随时随地在网络上查阅即时更新的阅读信息，如果有阅读个性化需求，还可以在评论区与博主展开讨论或建立阅读群，实时了解各种碎片化的阅读情况，并且图书馆发布的各种通告、书籍推荐也可以随时被了解到。

（二）阅读的低门槛与方便性

微博的注册很简单，只需要手机号或者邮箱即可注册，进入主页点击想要关注的博主，日后便可以关注其发布的各种动态。任何人，随时随地，都可以用手机申请微博账号，成为独立博主。图书馆官方微博的受众人群庞大，这种阅读推广方式的门槛很低，推广受众人群庞大。而且图书馆利用微博的推广也是极具便捷性的，比如在图书馆里的宣传墙上，我们可以看到图书馆发布的各种信息，但这毕竟是在海报贴上之后才能起到宣传的效果，如果读者不去图书馆，就不能及时了解到。所以图书馆注册官方微博，首先就在信息的源头扩展了信息流通方向，读者只需关注图书馆微博就可以浏览信息，再也不用为了得到新的信息四处寻找，也不用担心错过图书馆的信息发布。

二、微博图书馆阅读推广方式研究

（一）促进读者个性化服务

促进读者个性化服务，可以对用户的兴趣爱好、专业特点、研究方向等进行分析研究，这是为用户提供优质个性化数字阅读新媒体服务的必要途径，开发用户个性化数字阅读系统，设立"我的数字图书馆"服务，为用户提供专业的系统界面和超链接，提供个性化数字阅读微博服务平台，用户可以查询馆藏目录和各种信息、读取数据库等所需数字阅读微博服务的全部信息，以此来进行双向互动。图书馆微博要更大程度地贴近读者的生活、经历以及感受，加大微博阅读推广的吸引力，才能够使线上阅读推广更吸引读者的关注。

（二）构建微博平台的移动图书馆联盟模式

移动图书馆联盟是一个全新的概念，一种全新的组织形式，移动图书馆联盟是图书馆为了实现读者任何时间、地点都能无限制地获取信息资源的目标，以无线网络技术为知识资源推送手段，以合作方成员自有资源与网络资源为知识仓库，以实现资源共享、互惠互利。从具体操作上来看，馆际互借一般通过"借阅特许"，即在联盟内给予成员馆读者的借阅特权，并在借阅数量上给予一定优惠，在联盟内部发放联盟借书证或联盟内成员馆交换借书证。比如图书馆可以通过注册一个微博建立移动图书馆联盟，来向读者传达阅读信息，并且可以通过区域性的图书馆联盟进行多方面的业务合作，依托图书馆联盟内成员馆各自的优势资源，合作发展馆藏。

三、微博阅读推广优化建议

(一) 推广微博阅读理念

只有持续地发布高质量的信息内容，才能拥有稳定的用户群体，形成口碑效应，提升阅读推广的竞争力。图书馆开展微博阅读推广应该关注这几个方面，一是，坚持分众化阅读推广策略，兼顾大众和小众等不同读者群体的阅读需求，基于用户细分发布对用户有价值的微内容；二是，要建立和维护与用户的情感联系，为用户营造阅读的归属感，培养用户的忠诚度，进而提升阅读推广的效果。

(二) 将内容形象化，避免缺乏趣味性

避免缺乏趣味性需要打造趣味阅读推广。微博碎片化阅读的特点使用户可以在上班途中、地铁上、吃饭时都可以进行碎片化的阅读，这就要求图书馆在开展微媒体阅读推广时发布的微内容可以在短时间、以简短文字内容抓住用户的兴趣点，用创意趣味吸引用户，让用户接受、喜欢并形成自主转发、点赞，用户的转发和点赞能够进一步提升阅读推广的效果。图书馆可以开发个性化阅读定制功能，开通私人订阅服务，允许用户根据个人的阅读需求定制信息资源。

(三) 多加挖掘专业推广人才，促进微博平台效率

虽然微博普及率较高，但是能够有效运营微博公众账号的人却少之又少。这要求图书馆在开通微博图书馆账号的同时，引领全体馆员学以致用，将数字阅读微媒体推广创新理论应用在实践领域。图书馆需加强馆员创新数字阅读微媒体推广工作，将微媒体推广观念内化为服务意识，外化为具体服务行动，比如使用网络语言宣传图书馆数字阅读推广工作等。虽然阅读推广并不是新鲜事物，但其趋势及阅读推广新技术应用将会是高校图书馆今后很长一段时间里需要关注的课题。应当借助微博等一系列微媒体，聚拢用户并培养

用户的阅读习惯，引导用户的阅读行为，营造浓厚的阅读氛围，坚持分众化推广策略，开展互动式阅读推广，并构建微博平台的移动图书馆联盟模式，促进微博在图书馆阅读推广活动中的应用。

第三节　图书馆短视频阅读推广

一、图书馆短视频阅读推广

短视频一般是指在互联网新媒体平台上传播的时长在 30 分钟以内的视频。短视频能承载各式各样的内容信息在互联网传播，是一种新兴的互联网传播方式。随着移动终端的普及和网络化进程的加快，短而快的大流量传播内容逐渐赢得各大平台、用户和资本的青睐。如今，短视频已成为规模最大、用户人数最多的社交媒介。各承载短视频上传、播放、传播的短视频平台应运而生，为各行各业扩大影响力提供了有效途径。

（一）图书馆短视频阅读推广的含义

图书馆短视频阅读推广，顾名思义就是图书馆通过短视频这一媒介推广阅读，担当起他人不可替代的使命。创新方法手段，主动适应信息技术条件下数字阅读方式更便捷、更广泛的特点，积极推动全民阅读工作与新媒体技术紧密结合，这是新时代对阅读推广工作的主要诉求。短视频阅读推广是新媒体阅读推广的一种，也是目前十分重要的社交媒介阅读推广形式。在短视频如火如荼发展的新时代，图书馆进行短视频阅读推广是必然的趋势。

（二）图书馆短视频阅读推广的特征

1. 全民化

线下阅读推广往往伴随着消息闭塞、参与人数少的情况，并对活动场所提出了一定的要求。公共文化设施建设不完善的中小城市或乡镇得不到相应的服务，而恰恰是这些地方的人们更需要文化知识的滋养。微信公众号、微博图文阅读推广，对于不会使用社交媒介的老人或是信息技术滞后地区的人们来说，也是可望而不可即。而短视频阅读推广，门槛低，受众广，随着移动终端的全面普及，移动通信技术升级，短视频用户下沉式扩散，用户数量持续增长，成为用户覆盖率最高的媒介。公共图书馆真正实现了面向全社会阅读推广的目标，使每个人都能享受阅读推广服务，短视频阅读推广全民化效果显著。

2. 去中心化

在媒介平台中，用户不仅有获取信息的需要，还有自我表达的需要。短视频在虚拟社群中已不单纯作为工具性媒介存在，它成为自我表达、情感参与、资讯分享等多重动机的承载介质。公共图书馆短视频阅读推广通过与用户即时互动，搜集用户建议，利用大数据分析粉丝画像和喜好，基于用户需求，形成了"去中心化"的特征。图书馆利用短视频平台的点赞、评论、转发等交互手段，实现了与用户的高频互动，满足用户求知需求和社交需求。通过视频传递情感，使用户产生共鸣，增强用户自我归属感和社会认同感。

3. 碎片化

随着时代的发展，人们的生活方式发生改变，可支配的时间所剩无几，沉浸式阅读变为一种奢望。信息技术的进步和移动终端的普及，进一步催化了用户碎片化阅读现象。公共图书馆短视频阅读推广充分迎合了社会大众快节奏、碎片化的阅读特点。由于短视频时长有所限制，要求图书馆以简洁生动的表述突出内容核心，短视频阅读推广碎片化是指用户通过观看图书馆短而不连续的阅读推广视频作品获得知识。"短、平、快"的视频传播速度快让用户阅读更加轻松，拓宽了用户知识面，也加快了视频更新迭代，增进作品新鲜感和趣味性。但是碎片化阅读也有一定的消极影响，容易使人产生惰性思维，不利于深度思考，知识获得不够系统，影响受众辨别信息真伪能力。

4. 多样化

短视频不同于以往的信息交互方式，在表达形式上自由灵活，内容主题多样，真正实现了视听融合，为公共图书馆开展多样化阅读推广提供了可行路径。首先，公共图书馆在阅读推广主讲人上就有多种选择，例如馆员、读者、名人，甚至是机器人配音，主讲人只要拥有共情能力，口才好，突出特色，就能获得良好的传播效果。其次，在拍摄剪辑方式上，阅读推广视频包含纪录片、实拍采访视频、素材剪辑视频等，不同类型视频有各自的优势，给用户带来的观看体验也不同。再次，在阅读推广展开方式上，通过对内容的创新策划，公共图书馆短视频作品涉及好书推荐、活动介绍、活动现场、知识普及、励志短片等多个主题，可以满足用户的不同需求。

二、图书馆短视频阅读推广优势和必要性

（一）图书馆短视频阅读推广的优势

1. 门槛低

相比其他宣传模式，公共图书馆入驻短视频平台准入门槛低、成本小、操作简单、包容性强。每个人、每个团体组织都可以根据自己的意愿生产内容，入驻短视频平台不需要复杂的各项程序，节约了注册的时间成本。短视频展现给观看者的内容一般在一分钟以内，图书馆制作视频成本较低、周期短，可以有效地保证作品数量、质量以及传播效果。另外，因短视频应运而生的各类拍摄、剪辑、数据分析软件都十分成熟并容易上手，凭借强大的互联网，运营短视频账号时遇到的各种问题大多都可以迎刃而解，为图书馆短视频运营提供了保障，铺平了道路。短视频平台的包容性使不同主体都能找到各自发展方向，作为传播文化知识的官方机构，各短视频平台都十分欢迎公共图书馆的入驻，并且还会给予额外的支持，比如认证官方身份，增加视频时长。此外，由于短视频门槛低，用户可以从不同视觉角度拍摄短视频为

公共图书馆阅读推广助力，比如上海图书馆发起的旅行推荐官荐书活动，用户只需要一部手机就能自己完成短视频拍摄、剪辑与上传，用户参与积极性高，活动效果显著。

2. 用户多

行业调查显示，短视频是目前为止用户规模最大的行业。随着 5G 时代的到来，短视频行业发展如日方升，短视频用户数量成倍增长，短视频影响力的持续扩大，社会各界对短视频的关注和重视程度也显著提升。除了微博、微信，短视频平台已经成为公众传播的另一个重要平台。公共图书馆短视频阅读推广的目的就是面向社会大众，让更多的人接触到阅读并喜欢上阅读，提升个人的阅读量，培养良好的阅读习惯，增加知识储备，促进社会文化建设。

因此短视频用户优势是公共图书馆利用短视频阅读推广最直接的理由，短视频平台用户群体丰富，且以年轻人为主，增加了公共图书馆能够服务的目标人群，拓宽了公共图书馆服务目标范围。公共图书馆入驻短视频平台，有利于扭转活动参与人数少，范围固定的现状，面向全社会进行短视频阅读推广，有力提升了阅读推广工作的效率。

3. 传播广

流量即价值，创作者吸引的流量越多，代表着其运营推广效果越好，短视频成为当前流量最多的媒介之一。因此，传播范围广是图书馆短视频阅读推广的另一大优势。以内容为评价标准的短视频平台采用盲选推送机制，有效弥补了基于用户信息、社会关系和网络行为计算推荐可能导致的"再中心化"的缺陷，从技术上实现了用户关注机会均等的"去中心化"推送。短视频平台拥有属于自身的流量分发机制，当创作者将作品发出，通过平台审核后，平台会分配流量给作品，如何分发，这个衡量标准就称为流量机制，流量机制一般具备"去中心化""智能分发""流量池等级"三个特征。当作品获得用户良好反响时，如点赞、评论、转发量较高，平台会将作品推送至更大的流量池，进一步帮助作品增加曝光率，获得即时传播效果。这样的流量机制使得每个创作作品都能分配到一定流量，作品被直接推送给并未关注账号的用户，获得主动权，只要视频质量高、内容优质，就能吸引相关标签用户关注，如果能一直保持优质作品的输出，粉丝黏性也将不断增强。粉丝主动分享作品给有相同兴趣爱好的朋友，大部分公域流量将转化为私域流量，作品得到延时传播。短视频能同时在多个平台上传播，用户只要拥有移动设备并连接到互联网，就可以观看视频，因此，短视频具有跨平台、跨设备分享的特征。短视频成功实现了在多个平台分享、传播，打破了平台限制。图书馆应充分利用短视频传播范围广，传播速度快，且用户黏性强等特点，减少信息不对称性，扩大阅读推广范围。

（二）图书馆短视频阅读推广的必要性

1. 满足需求

当前，短视频用户多集中于一线、二线较发达城市，但是下沉市场也呈现出了巨大的潜力。从城市分布来看，一、二线城市用户占比为 52.1%，其中二线城市用户占比为 22.4%。三、四、五线城市 TGI 指数（反映目标群体在特定研究范围内的强势或弱势的指数）较高，分别为 102.5、106.3、107.5，可见下沉市场用户特征显著[①]。短视频市场之所以能发展壮大，是因为其可以满足广大用户各种各样的需求，其内容涵盖了人们生活的方方面面。短视频用户足不出户就能获得大千世界各类资讯，进行即时信息交互，避免信息滞后，大大丰富了人们的认知，便利了人们生活。在社会节奏日益加快的形势下，人们的通勤时间占据了生活的大部分，急需提高信息获取效率。短视频的最大特点之一在于短，短而精练，用户不用花费太多时间就能获得需要的信息，充分利用了碎片化时间。同时，短视频集聚画面、声音、文字

---

① 王建华. 入局——短视频策划与运营实战 [M]. 北京：中国科学技术出版社，2021

于一体，比任何一种形式的传达都更富有感染力和冲击力，更能得到用户青睐。随着人们生活水平的提高，对短视频质量的要求也越来越高，人们不仅希望通过短视频满足娱乐消遣，更是想要寻求心灵的慰藉、思想的相通和自我的提升。知识内容的创新和交流在平台上越来越流行，并得到了平台大力支持，文化教育的内容越来越受到重视，各行各业应该通过短视频传播社会价值，产出优质内容，满足用户所需，传递积极的正能量。

2. 盘活资源

图书馆资源丰富，但往往得不到高效利用。因为消息的闭塞性和滞后性，图书馆许多资源不为人所知而遭到闲置。文献资源具有一定的局限性，文献资源的种类丰富但无法突破经费、资源有限的困境，使得使用读者数量和范围遭到限制。同时数字资源也具有单一性，生硬的文字越来越难以满足用户的需求，对工具媒介的高要求也制约了数字资源的有效传播。事实上，图书馆短视频资源相对匮乏，短视频传播范围广，制作门槛低，同时短视频弥补了文字、图片展现形式的缺陷，使画面更加生动有趣，刺激用户感官，吸引用户注意，提升用户观看体验。短视频资源融合了传播广和多元化的特征，突破了文献资源和数字资源的局限性。积极创新短视频阅读推广，能加快短视频资源开发，完善图书馆资源体系，同时通过整合现有资源，以视频形式推广给用户，爆炸式的流量和裂变式的传播机制极大地提高了资源利用率，盘活了公共图书馆闲置资源。

3. 优化服务

权威性高、专业性强、知识丰富的内容更容易获得短视频用户的关注，这给图书馆阅读推广带来了机遇。新媒体时代，读者的阅读方式正在发生天翻地覆的变化，"视听阅读"逐渐成为国人的阅读常态。阅读推广是图书馆的主要职能之一，多年的阅读推广经验、健全的阅读推广体系和完善的阅读推广制度为短视频阅读推广奠定了坚实的基础。但随着社会大众阅读方式的升级，阅读习惯转变以及阅读环境的更新，图书馆阅读推广形式也要做出相应的调整。提升用户满意度，是图书馆短视频阅读推广的主要目标，短视频不仅能增加用户阅读的便利性，还能利用大数据关联短视频账号，通过大数据智能分析，快速定位用户所需资源，提供个性化服务、针对性服务、知识文化服务、智慧服务等创新服务内容，提高图书馆的服务质量和水平。面对短视频用户日益增长的知识文化需求，图书馆入驻短视频平台进行阅读推广是必不可少的选择。

三、发展困境

（一）图书馆推广意识薄弱

一些图书馆紧跟潮流，积极创新，在短视频兴起之际入驻短视频平台，利用短视频模式宣传推广，积极发布阅读推广类视频，说明部分图书馆具备短视频阅读推广意识，认识到短视频这种新兴且有前景的媒体模式对于公共图书馆阅读推广的重要性。但还有大部分图书馆利用短视频阅读推广意识薄弱，并未入驻任何短视频平台，或是开通了短视频账号却因为在短期内没有看到成效而懈怠运营甚至停止发布视频，还有一些图书馆开通了账号却未发布过短视频作品，导致账号闲置。虽然图书馆发展历史悠久，但是还有很多人对于图书馆并不了解，除了人们本身认知水平的差异外，图书馆传播信息闭塞，不擅长接受新鲜事物也影响了人们对于图书馆的印象。部分图书馆在工作中缺乏创新意识，思想陈旧，依然沿用以往的方式开展工作。

（二）缺乏用户参与

账号主体是账号建设的核心力量，但短视频用户也是参与图书馆账号建设重要成员。大部分图书馆以自我为中心，在账号定位、内容生产上具有强烈的主观意识，导致账号建设缺乏用户参与。用户参与账号建设是自媒体时代的常见形式，每个短视频用户都可以拥有自己的账号，发布自己想表达的内容，并能自由地发表对于其他视频作品的看法，信息呈双向甚至多向形式传播，因此账号缺乏用户参与的就注定不会走得长远。图书馆账号建设缺乏用户参与，用户得不到关注与满足，阅读推广效果难以得到提升。用户参与账号建设实际上是公共图书馆集思广益、发展忠实粉丝的重要举措，否则账号就很难受到广大用户的维护与喜爱。短视频用户观看视频无数，只有他们知道什么样的视频能吸引他们眼球，什么样的内容能满足他们所要所想。观察图书馆账号可以发现，用户自发为图书馆账号或账号作品做推广的情况十分罕见。在账号为用户设置的激励机制不完善，用户无法获得认同感的情况下，用户是没有动力参与到公共图书馆账号建设中的。

（三）作品内容难以吸引人

短视频阅读推广不仅要保证阅读推广的作品数量，更要注重作品质量。优质的作品内容才是图书馆立足短视频平台并且脱颖而出的"制胜法宝"，才是阅读推广工作长远发展的根本动力。首先，目前我国图书馆短视频阅读推广内容创新能力不足，同质化严重，内容单一、枯燥乏味的视频忽视了作品品质，对短视频用户而言没有吸引力。同质化严重的视频无法在竞争激烈的短视频平台脱颖而出，难以达到预期效果。其次，作品制作粗劣。如果不能将作品很好地展现给用户，那么优质的内容也不会受到关注。制作精美的视频能让观看者获得轻松愉悦感，优质的内容只有在精美制作的加持下才能更好地展现其价值，获得良好的传播效果。目前，大部分图书馆账号发布视频较为随意，不注重视频的拍摄剪辑过程，严重影响了用户观看体验。在短视频平台，精美制作已经成为视频的标配，不仅能给人带来良好的观看体验，也表现出账号主体在运营上的用心。制作粗劣的阅读推广视频不仅反映出制作主体态度不端正，还令用户感到账号专业度欠缺。

最后，作品价值匮乏。视频价值匮乏不利于图书馆入驻短视频平台普及阅读，提升用户阅读素养，对图书馆给用户良好价值导向的初衷产生了巨大冲击。为了追求流量不顾作品价值的视频比比皆是，视频内容制作受到严重影响，令人怀疑其专业性，得不偿失。内容优质、剪辑精美、蕴含价值的作品才有成为爆款视频的可能性。作品价值匮乏，无法引发用户思考、共鸣，是造成阅读推广类爆款视频较少的主要原因。

（四）账号运营无序

图书馆账号运营无序有以下表现。首先，体现在视频更新频率不固定，一些图书馆账号在一个月内更新作品屈指可数，但在特殊时期如世界读书日前后，作品数量就明显增多，这不利于用户对于账号信息的掌握，影响账号的粉丝量。规范化的账号运营会明确作品更新频率和更新时间，使得视频更新常态化，与目前公共图书馆账号更新作品随意性形成鲜明对比。其次，图书馆发布作品，涉及的内容广泛，却无法在某项工作中突出发展，相比其他具有明显特征和定位的账号，图书馆短视频账号较难给人留下深刻印象。最后，体现在账号日常管理和粉丝维护上，大多数图书馆账号只注重视频的发布和视频传播效果，而忽视账号的日常管理，对作品内容不加以审核，对于用户的询问不予回应。

在粉丝维护上，图书馆不清楚粉丝画像，难以积极跟进粉丝，吸引流量后却不抓住流量，缺乏将公共流量转化为账号的专属流量的意识。账号运营无序主要原因在于专业运营人员的缺失、账号目标不清晰以及运营方法流程不明确。无序的运营方式导致图书馆短视频阅读推广专业性受到质疑，阅读推广类视频作品传播也受到一定影响，阅读推广工作也将丧失其意义和价值，给图书馆短视频账号发展带来了沉重的打击。

（五）合作力度不足

在短视频平台，热门账号最显著特征就是擅长借力，通过与多方积极合作的方式增加自身账号的影响力。账号主体应充分运用短视频传播优势，发挥多方力量扩大作品传播范围，发掘作品最大程度上的价值，而不少图书馆账号却忽略了这一点，倾向独立发展，不善于合作，合作力度不足严重阻碍了短视频阅读推广发展。图书馆在短视频平台的合作方式主要有图书馆之间的合作，与名人、用户和其他机构的合作，媒体、平台间的合作，可供图书馆选择的合作对象数量多，合作范围广，但有合作意识的账号却很少见。图书馆在平台活动参与上积极性不高，发起的话题敏感度低，对其他主体发起的话题也较少参与，缺乏与用户、其他机构的交流，导致流量渐渐被限制，影响了视频的传播范围。

四、发展建议

（一）提高账号运营水平

各馆短视频阅读推广服务运营水准参差不齐，有的粉丝数量几十万，有的只有几千粉丝，让更多用户看到本馆的短视频账号，是为了提升账号粉丝数、点赞数、评论数、转发数等基本营销数据而必须做的事，而提高这些基本数据的方式大致有以下这几种方式：首先，通过组织一些线下图书馆活动，例如专家演讲或阅读沙龙等，通过这些活动来推广本馆的短视频账号，获得粉丝关注度；第二，在本馆的短视频账号上组织线上读书推广活动，例如抖音、快手的短视频比赛、读者推荐书籍、我和图书馆的故事等，通过短视频比赛可以呈现优质参赛作品，这样既能够增加账号流量，又让读者从中获得认同感；第三，可把图书馆内抖音号的二维码以及链接等做成照片或海报，并张贴或放置于图书馆进馆入口较醒目的区域，提高读者关注率。

（二）提高原创水平，坚持内容创新

抖音平台将短视频推荐到流量池时，会将作品是不是原创作为评判的主要标准，由于原创作品不用考虑版权风险的因素，因此能获得更多点击率，成功率也相对较高。公共图书馆馆藏资源丰富，信息资源具备一定权威性，因此具有丰富的原创素材等先天性资源优势。此外，图书馆还能够深挖特色

馆藏、热点信息，创作特色鲜明的原创作品，并且还能够挖掘本地具有地域特征的传统文化资源，将其当作创作内容点去创造与其他公共图书馆不同的作品，这就更容易吸引用户关注，增加粉丝活跃度，并增加账号权重，从而引爆账号流量。

（三）合理安排阅读推广作品发布数量

图书馆应该合理发布阅读推广作品数和主题类型数量，重视抖音、快手等平台这类新媒体开展阅读推广的力量，定期结合转、赞、评的数量以及用户反馈效果，实时增加或减少各类主题的作品数量，各账号还要注重图书馆的主要职能，不能一味追求图书馆账号引流，发布与图书馆理念不符的主题视频，另外，发布频率要有规律，每个月都应该有一定数量的阅读推广作品发布，这样利于用户对账号产生依赖，提高粉丝黏性，为账号持续引流。

（四）阅读推广内容叙事适当娱乐化，提高用户阅读兴趣

图书馆要充分发挥自己作为社会文化教育领头者的作用，在进行阅读推广服务时应该恰到好处地把平时看似呆板无趣的教学内容做出技巧性的改变，不要平铺直叙地直接铺陈到用户面前，可以利用动态的、显象性的、趣味性的传播模式使用户更加深化对图书馆的印象，从而增加图书馆在整个在全社会范围内的知名度与推广度。比如，甘谷县图书馆搬运了很多影视片段和综艺视频，这些作品下读者互动性比较高，这种模式令枯燥的传统文化讲解变得生动有趣，读者在不抵触的情绪下，了解了更多文化知识，进而提高了阅读兴趣。江西省图书馆借助机器人作为亮点来推荐书籍，画面显得诙谐可爱，该作品下点赞量、评论量远超其他推荐书籍的作品。其他图书馆日后不管是原创视频还是搬运视频，都可以将这种模式作为借鉴，但是要警惕过度娱乐化。

（五）建设专业运营队伍，提高运营人员专业化水平

面对目前短视频账号运营人员严重缺失的状况，各图书馆必须想办法培

育专门的短视频账号运营队伍，以提升在短视频领域推广的专业性水准。首先，应该引领馆员走出去，让其积极主动地多去掌握新媒体运营经验，参与短视频策划、制定、编辑、精修；然后，通过吸收相应的人才入驻该馆，成立系统的新媒体运营机构，持续为图书馆培养新媒体运营人才；最后，该馆还可以寻求相应的专业协作机构，来协助该馆进行内容制作，并由这些专业人员对账号进行长期的维护和运作；此外，还可把短视频账号运营盈利模式也融入该馆的日常经营管理当中，从而形成相应的体系与机制，确保账号运营人员保持工作积极性和账号的健康可持续发展。

第四节　图书馆家庭阅读推广实践

家庭是社会的基本组成要素之一，是人生的第一个启蒙之所在，不单是生活的住所，更是心灵的栖息处。促进家庭阅读是公共图书馆主动提供推广服务活动、融入不断变化的社会环境、满足家庭阅读要求并逐步进入千家万户的主要主题活动之一。家庭阅读的活动推广服务已经是中国图书馆界的一种新的流行趋势。"耕读传家久，诗书继世长"，在中国文化史上，家庭阅读一直发挥着非常重要的作用，作为具有社会教育功能的图书馆，通过开展家庭阅读推广，充分发挥对家庭阅读的指导作用，带动家庭建设，让家庭阅读成为家庭建设的必修功课，开展家庭阅读推广有助于吸引家庭更多地利用图书馆阅读资源，有利于增强公众图书馆意识，图书馆不仅作为文献收藏、利用中心和文献信息资源开发中心而存在，作为城市最基本的文化设施，它还是市民终身教育的知识殿堂，是城市文化内涵和文化品位的重要象征。

我国教育改革步伐的不断推进，素质教育发展目标的提出，家庭阅读日益受到社会的关注，掀起了"家庭阅读"的热潮，而公共图书馆定期开展家庭阅读活动，则可以通过提高社会家庭的整体阅读量和阅读水平，由家庭阅读带动下一代的阅读，进一步推动家庭阅读推广。

一、我国图书馆家庭阅读推广现状

家庭阅读推广理念是由国外引进国内的，以家庭为活动的基本单位，上海、厦门、南京等地公共图书馆成为首批开展家庭阅读推广活动的大型图书馆，并在家庭阅读推广方面积累了丰富经验，形成了基础推广模式。我国家庭阅读推广工作初期以增强家庭阅读的指导性工作为出发点，通过建立"家庭图书馆"、围绕家庭开展主题活动等方式逐步创新公共文化服务机制，提升家庭阅读推广成效，部分实践活动收效明显。其后，公共图书馆开始尝试创新更高水平的推广活动，如开展"亲子教育"推出"全家买书，我买单"、创新"互联网+"借阅等，让文化拉近亲情，让家庭成员从被动阅读向主动阅读转变，在阅读中获取快乐与收获，提升阅读内容与形式的多样性。随着家庭阅读推广理论研究与实践的推进，以新公共服务理念为引领、以现代信息技术为支撑的"阅读+体验"等家庭阅读推广活动逐步铺开，绘本制作、剧本杀、音乐会、研读活动等一系列家庭文化活动得到落实。新时期，技术要素迅速促进公共图书馆与社会各项积极要素的资源整合，为未来家庭阅读提供了强大的资源与技术推广平台。

二、家庭阅读中存在的主要问题

（一）存在功利化倾向

随着现代社会竞争的加剧，家长考虑到将来孩子工作、学习等现实因素，在家庭阅读上普遍呈现出阅读功利化的倾向，希望自己的孩子不要输在起跑线上。目前，有许多家长将家庭阅读误认为是教孩子识字和对孩子进行智力启蒙，在阅读过程中仅仅重视孩子对知识的掌握，而忽视了培养孩子的阅读兴趣。例如，家长对孩子讲了一个故事后，往往都会问孩子认识了多少个字，这个故事讲了什么；家长们为孩子选择阅读书籍的时候，也基本上选择一些偏重知识训练型的书籍，很少考虑到孩子的阅读兴趣。久而久之，家庭阅读就变成了浮于表面的识字训练，不利于孩子真正爱上阅读。

（二）缺少良性互动氛围

从目前来看，家长在家庭阅读过程中处于缺位的状态。如果处于沉闷型家庭氛围，只是将此书籍推荐给孩子，让孩子读完这些书籍，并没有与孩子进行密切交流和互动，孩子无法感受与家长共读的快乐。久而久之会失去对家庭阅读的兴趣，一定程度上制约孩子阅读的积极性。

除了缺少家长参与外，在家庭阅读中还存在单亲参与现象。家庭阅读是一个双边过程，既需要母亲的参与，也需要父亲的参与。父母与孩子一起互动，才能在阅读中得到快乐。一般来说，妈妈选择的书籍与阅读方式和爸爸会有很大的差别。当为孩子阅读故事时，妈妈讲故事通常会更加关注故事的情节，而爸爸通常会以贴近孩子现实生活的方式来描述故事内容。不管是哪种方式，都有助于提高孩子的语言表达能力，激发孩子丰富的想象力和联想力。因此，在家庭里，爸爸一定要尽可能地参与到孩子的早期阅读中去，这样才能对妈妈温和的阅读方式产生互补，这对培养孩子的不同阅读兴趣也是非常有好处的。

（三）家长对阅读策略把握不准

部分家长简单地认为家庭阅读就是"家长读+孩子听"。在阅读过程中，只是关注孩子在阅读中认识多少个字，能复述多少内容，忽视孩子的内心阅读情感体验，同时，缺少行之有效的阅读策略指导，导致家庭阅读的开展流于形式、形同虚设。

三、图书馆家庭阅读推广的现实意义

（一）有利于促进家庭和谐与社会稳定

作为社会最基本的单元，家庭美好和谐是实现社会和谐的前提条件。现阶段，文化多元化背景下，社会个体的思维方式愈发多元，思想也发生了很大的变化。部分家庭缺少文化氛围，在培养儿童以及青少年过程中，没有做到宜快则快、宜慢则慢。做好家庭阅读推广工作，能够进一步落实关于家庭教育的内容，持久、广泛、深入地宣传家庭教育的科学方法和正确观念，进而实现家庭和谐的目标。除此之外，家庭教育中强调"多向互动""家庭主体"以及"儿童为本"的原则，强调儿童与家庭之间的良性互动。做好家庭阅读推广工作，能够进一步在家庭内营造相互促进、相互尊重、相互学习的阅读氛围，实现家庭和谐。

（二）有利于更好地满足民众多元精神文化需求

近年来，学界之所以称图书馆为"无墙的大学"，主要是因为图书馆承担着教化民众、传播文化的重大职责。做好家庭阅读推广工作，能够更好地满足民众的多元精神文化需求，进而为全民阅读社会以及书香社会建设提供帮助。做好家庭阅读推广工作，能够进一步激发各类家庭阅读的主观能动性，满足不同家庭的阅读需求，开阔家庭成员眼界和思路，持续提升家庭成员的整体素质。

（三）有助于家庭成员的阅读和表达能力的提升

家庭阅读是家庭成员获取知识、应用知识最基本的方式，可以增加家庭成员知识储备量，营造良好的家庭阅读氛围，进而提升孩子的阅读和表达能力。一方面，开展家庭阅读推广工作，塑造健康向上的家庭阅读氛围，能够激发家庭成员阅读兴趣，培养他们良好的阅读习惯。家庭成员能够从阅读中提升自身总结归纳能力、分析问题能力、理解文本能力和检索知识能力，进而提升阅读能力。另一方面，开展家庭阅读推广工作，鼓励家庭成员参与相应的阅读推广活动，可以让家庭成员将所学表达出来，提升家庭成员的表达能力。总而言之，家庭阅读推广工作具有很强的引导和指导作用，可以促进家庭成员全方位发展。

（四）有助于家庭教育和谐发展

家庭阅读之所以重要，是因为其有助于家庭教育和谐发展。一方面，当前部分家庭存在"重物质建设，轻精神生活"的现象，家庭成员整体的阅读量不足，家长与孩子之间的沟通被弱化。为此，可以通过家庭阅读推广工作来重塑家长教育理念，让家长关注孩子精神生活。

四、图书馆在家庭阅读推广中的作用

众所周知，图书馆中有着海量且类型多元的阅读书籍，为拓展阅读者的视野提供了强大的资源支撑。依托图书馆强大的资源支持开展家庭阅读，能够有效保障家长与孩子在广阔无边的书海中自由徜徉，感受先辈的思想熏陶，得到人生启发。对于图书馆来说，在家庭阅读推广过程中要注重根据孩子的年龄兴趣爱好、理解能力等方面来充分发挥图书馆阅读指导的作用。

（一）帮助家长创设温馨宽松的阅读环境

随着人们的物质生活水平不断提升，很多家庭开始注重自己的居住房屋室内设计，考虑美观性、科技性、舒适性等因素，唯独忘了考虑给孩子提供一个独立、安静的阅读环境。很多家长愿意给孩子买很多玩具和服装，但是在阅读环境的创设上马虎大意。面对这种情况，图书馆可在家庭阅读过程中，帮助家长创设良好的阅读环境，如指导家长在室内添置一张高矮适宜的书桌和书架，放置孩子感兴趣的书籍，并且要求家长带头阅读，注重家庭阅读氛围。有着这样一种隐性的感召力量，孩子才会感受阅读带来的快乐，徜徉在知识的海洋里。

（二）加强家庭阅读指导

部分家长没有掌握家庭阅读的指导策略，在一定程度上不利于孩子真正爱上阅读。图书馆可以发挥应有的作用，在举办相关读书活动时，邀请儿童教育和心理学方面的专家进行家庭阅读培训，为家长提供正确的阅读理论和指导方法。另外，图书馆馆员基本上拥有良好的文化素质，他们善于指导家长如何开展阅读，还能为孩子推荐合适的书籍。

（三）注重孩子素质培养

图书馆可以说是家庭阅读以外培养孩子阅读习惯及阅读兴趣的极佳场所，对于孩子个人素质的交互影响与涵养，图书馆扮演着极其重要的角色。除了一般的书籍阅读外，图书馆也向有特殊要求的家庭提供绘本。一些图书馆设有儿童室，进行儿童阅读活动，在这里不同素质的儿童都能找到属于自己的阅读角。读书可以改变素质，素质必须经过读书的熏陶。不同素质的儿童都能在图书馆享受阅读，透过阅读为生活带来正向的改变。

五、图书馆家庭阅读推广优化策略

（一）强化顶层设计，融合各界力量

实现高质量的家庭阅读推广是一个长期复杂的过程，在此过程中，公共图书馆除了积极发挥自身服务职能，还有必要进行政策研读，通过制定科学、长远的规划发挥战略指导作用。图书馆应通过必要措施发挥政府和家庭成员在家庭阅读中的重要作用，最终形成政府、图书馆、家庭共同参与的家庭阅读管理布局与服务体系，通过政策支持发挥社区、公益组织的宣传效能，通过获取资金、技术和人才支持优化职能，通过提升家庭成员积极性扩大推广范围，优化推广成效。在家庭阅读推广理念上，图书馆应摒弃以自我为中心的固有观念，积极发挥自身的主观协调作用，完善家庭阅读推广模式，重视服务的监督与评价，强化过程控制与成效控制，融合社会各界力量，合理促进家庭阅读推广水平的提升。在推广内容和推广形式上，图书馆应以现有的成效较好的推广实践为基础，逐步创新推广方式方法，引进国内外反响较好的推广形式，逐步内化创新，形成独具特色的推广模式。

（二）制定推广计划，优化阅读环境

图书馆应围绕长远规划制定切实可行的阶段计划，逐步实现家庭阅读推广活动的普及化、均等化。馆员素质是影响家庭阅读推广成效的重要因素，公共图书馆应通过制定馆员专业培养计划，提升家庭阅读推广服务的可持续性与专业性，并定期为家庭提供阅读指导，推荐合适的阅读素材。图书馆应注重与家庭建立长期的阅读合作关系，参与家庭长期阅读计划的制定，指导家庭成员进行高效率阅读，并协助建立家庭阅读档案。图书馆还应提前计划每个推广周期内的阅读活动，创建多元化的阅读环境，改变以往家长作为孩子阅读"陪跑者"的角色，让每个家庭成员都能在阅读中成长并收获喜悦。

（三）加强馆校沟通，激发参与热情

鉴于现阶段制约家庭阅读推广开展的实际情况，图书馆应积极加强与学校的交流与合作，建立"图书馆+学校"阅读推广模式，相互合作，共同提升家庭阅读水平。中小学阶段，"家校共育"成为孩子教育成长的重要路径，基于此，图书馆可与区域内各学校建立长久广泛的合作关系，为学校提供内容丰富的阅读资源，并督促专业馆员参与学校组织的文化艺术活动，指导广大家长如何通过线上方式获取阅读资源，如何使用正确的方法引导孩子喜欢阅读、正确阅读，养成良好的阅读习惯。不仅如此，图书馆还可以在区域内开展巡回家庭阅读讲座、讲解家庭阅读活动开展的专业知识。儿童作为家庭中的重要一员，内心渴望自由阅读，公共图书馆应引导家长为孩子创设自由阅读空间，营造舒适的阅读氛围。

第五章　图书馆阅读推广中的读者问题

第一节　读者满意度问题

一、影响读者满意度的因素

（一）推广人员

"5W 传播理论"指出构成传播过程的五大基本要素：主体、内容、渠道、客体、效果。公共图书馆作为信息资源交换、流转与传播的中心，其日常活动主要围绕文化的传播和交流来展开，阅读推广活动就是其中一项。阅读推广的本质就是一种为了普及知识、传播知识的文化传播活动，属于社会传播活动的范畴，其传播过程适用于 5W 传播理论。就整个推广环节而言，公共图书馆以及相应的推广人员在 5W 模式中承担了"谁"这一角色，是阅读推广活动开展的源头，也是影响读者满意度的第一环节要素。

阅读推广者在很大程度影响着阅读推广的效果，阅读推广人的优劣直接影响到活动参与者的满意度。阅读推广活动的人员应该有较高的专业素养，必须具备与活动相关的专业技能，同时还要有一定的推广理念、知识、技能、情感、态度等，这样才能有效提升用户满意度。要提升阅读推广的质量和效果，首先馆员应加强其自身创新和服务意识，并不断完善知识结构体系。

（二）环境条件

环境条件是指公共图书馆为阅读推广活动的开展提供的必要场地与设备

支持，是活动正常开展的基本支撑，也是影响读者体验活动时非常重要的一部分。活动场地是活动开展的前提条件，阅读环境的好坏影响着读者参与活动的感受，活动场地是否易于到达影响着读者参与活动的意愿。除此之外，推广活动的设备平台也对读者满意度有着一定的影响，读者是其平台的直接使用者，设备平台的简单易用直接影响读者对活动的直观感受。阅读推广环境条件与读者满意度存在密不可分的关系，公共图书馆应该加大力度为读者营造良好的阅读氛围，使读者有更好的阅读体验，从而有效提升阅读推广活动效果。此外，图书馆的设施对读者满意度影响较大。好的阅读环境能够激发读者内心的阅读欲望，让读者发自内心地想读书、自愿读书，这样更能提升读者的阅读质量与阅读效果。图书馆应该对馆内的阅读环境给予重视，为读者提供舒适的阅读空间，在阅读推广过程中，让读者更易沉浸其中，有更好的阅读体验。同时环境条件也在一定程度上影响着阅读推广活动的效果，布局越合理的阅读空间、环境越舒适、基础设备越齐全的场馆，对读者的吸引力越大，更能使读者走进并利用图书馆。

（三）推广方式

图书馆阅读推广是为了达到某种阅读推广目的，由图书馆通过某些阅读推广形式或渠道展开的一种实践活动。对于阅读推广活动而言，推广方式相当于是一种工具或载体，推广内容依托于推广方式传递给读者，推广活动依托于推广方式而展开，推广形式与推广内容相辅相成。推广形式作为阅读推广活动的六大要素之一，其重要性不言而喻。随着社会信息化的发展，阅读推广形式越来越丰富多样，如传统的书展、讲座等线下形式，或采取直播等网上形式展开。一定程度上而言，推广形式过于单一，读者可能会感到活动较为枯燥，满意度较低。如今人们的生活更倾向于数字化，数字化提升了人们生活的便捷性，若此时图书馆还是一成不变，死守传统方式推广活动，难免会影响读者对活动的整体感知。因此，在此背景下，可以通过创新推广方式来达到提升读者满意度的目的。

（四）活动内容与质量

阅读推广内容是公共图书馆阅读推广的核心要素之一，主要包括推广资源和推广活动本身。对于阅读推广，读者的满意度一部分体现在对产品，即对推广内容是否满意上。阅读推广活动的根本目的是通过活动，使资源流向读者，提高馆内资源的利用率，资源的好坏直接会对读者产生影响，因此要提高读者满意度，首先就得要求资源本身具有相应的优势。阅读推广要以阅读推广的主题、类型、目标群体、角度多样化为推广原则，加大读者对阅读的自由选择权，提升读者阅读兴趣。

（五）读者因素

读者作为阅读推广活动的参与者，是公共图书馆阅读推广活动的目标对象。阅读推广"服务说"的代表范并思强调，在开展研究时，应将阅读推广作为图书馆的一项服务。作为一项服务活动，服务对象的特性也会对服务本身产生影响。读者能体现推广活动的价值。他认为参与阅读推广活动的读者需要具备两方面特质，一是需求，二是能力。需求是指读者自身的参与意愿及阅读需求，能力则是指读者阅读技巧以及对数字资源利用方面的能力。除此之外，读者对阅读的偏好和对阅读的认知直接影响其对阅读推广活动本身的感知和评价，读者在使用馆内文献资源时采取的方法和技巧，在很大程度上影响了其对活动效果的感知。

（六）活动效果

阅读推广活动效果是基于活动对活动整体的评价，主要体现在读者和图书馆两方面，表现为对图书馆和读者的影响及受益。从读者角度来看，即为读者对自己通过活动所获得收获的一种主观评价。读者参与阅读推广活动，一定程度上是希望通过活动受益，通过参与活动使自身能力得到一定的提升，对自身产生积极的影响。

二、提升读者满意度的做法

（一）加强人才队伍建设，提升推广人员素质

作为一项服务活动，推广人员的服务态度一定程度上影响着参与活动的读者，服务态度的提升对于提高读者满意度往往有着一定的促进作用。除此之外，推广人员的专业程度也十分重要，对活动效果以及读者满意度的影响也是显而易见的。

1. 扩大队伍建设，保证推广人员数量

目前随着我国对全民阅读关注的日渐加强，各图书馆阅读推广活动举办的数量也是日益增多。但由于目前我国专业的图书馆阅读推广人员数量较少，导致开展活动时，相应的人员配备跟不上。大多数图书馆往往只有两三个专业的推广人员负责相关活动的开展，其余大部分推广人员则是通过招募志愿者的方式征集来的业余阅读推广者。推广人员数量的紧缺，导致仅有的两三个专业推广人员需要负责活动的策划、组织、开展等全部过程，所需处理的事务繁多，可能会力不从心，使得阅读推广活动的有效性难以得到保障，大多数活动不能有效开展。同时，开展活动时，推广人员数量较少，面对数量较多的读者，推广人员往往穷于应付，不能很好地服务读者，往往会导致大多数读者需求得不到满足，或者活动进程较慢、效率较低。对此图书馆应扩充人才队伍，加大推广人员队伍的建设；同时可以通过完善相应的激励机制，提供一定的人才补贴，吸引人才加入，壮大人才队伍基数，实现一定的数量保障。

2. 定期开展专业知识培训，提升推广人员的专业能力

阅读推广活动是一项专业性较强的文化推广活动，推广人员在其中承担着组织策划的职能，在开展活动时，推广人员的专业性尤为重要，具备高素质、专业能力较强的推广人员，更能科学筹划组织活动的开展。图书馆应对

推广人员定期开展培训，从推广形式、内容、载体等方面出发，培养推广人员的技术和工作专长，提升其专业能力和活动策划能力。同时，由于现今社会信息技术发展越来越快，图书馆也不可避免地面临崭新的信息与技术环境，阅读推广活动也逐步引入了现代化技术，因此图书馆还应加强对推广人员信息素养的培训工作，提升推广人员对信息技术的应用能力，使推广人员在开展活动时，能充分运用相关数据挖掘的技术和工具，形成契合读者需求、深入灵活的服务机制。

3. 组织建设新媒体阅读推广部门

当前，新媒体广泛地运用到各个行业中，我们的日常生活也被新媒体技术包围。因此，公共图书馆应成立组建专门负责新媒体阅读推广的部门，引入具有高信息素养和能力的人员加入，加强新媒体阅读推广。

4. 改变服务态度，积极引导读者

基于公共图书馆面向社会所有人群开放的特性，在开办活动时难免会出现读者刨根问底的情况。面对这种情况，推广人员要做到心平气和、有耐心，以热情的态度服务读者，解答读者疑惑；除此之外，推广人员在活动中还应该做到积极为读者提供相应的帮助和引导，使读者更好地参与到活动中来。

(二) 加大资金投入，优化阅读环境与设施配备

阅读环境及设备条件作为开展活动的基础保障，是必不可少的，舒适的阅读环境能带给读者更好的阅读体验，完备的设备条件能保证活动的高效开展，因此，图书馆可以从阅读环境和设备等方面做出相应调整和改进。

1. 加强馆内设施建设，优化阅读环境

随着社会的高速发展以及生活水平的不断提高，读者对阅读的要求不再仅仅局限于阅读资源本身，更多地开始关注阅读环境条件，注重参与活动的体验，追求高质量的阅读享受。舒适、安静的阅读环境有助于提升读者满意度，使读者能更加沉浸到阅读中，同时营造出良好的阅读氛围，提升读者阅

读感受，吸引更多的人参与其中。对此图书馆要投入一定的资金，加强馆内基础设施的建设，优化馆内环境，为读者提供优良的阅读空间。

2. 引入信息技术，完善设备平台配备

专业的设备平台能够提高活动的开展效率，保障活动顺利开展。不同的读者不仅对图书的内容有不一样的要求，对资源的载体形式也存在着不同的需求，尤其是在如今技术发展，资源载体形式多样的形势下，图书馆更应该考虑读者需求的多样化，通过引入信息技术、完善相关设备以满足不同读者的阅读需求。例如，有的老年人可能存在看不清纸质书刊的问题，有的残障人士可能需要相关设备的辅助才能进行阅读活动，年纪较小的儿童可能存在阅读困难等问题，对此，图书馆应该尽可能为这些群体提供方便其进行阅读活动的设备，比如增设电子书阅读器、微型自助图书等智能设备。

3. 灵活规划布局，便利读者

对于馆内空间场所，要做到合理划分，比如，儿童可能比较活泼好动，可以为该群体设置单独的少儿阅览室，其他阅览室隔开，这样可以避免对其他人造成影响。在活动策划方面，要充分考虑读者情况，大多数读者工作日都需要上班，可能没有过多的时间和精力参与活动，因此图书馆在规划活动开展时间时，要尽量选择在节假日等休闲时间，保证大多数读者能够有时间参与进来。同时，关于活动地点的选择，要尽可能在馆内或者其他交通便利的地方进行，举办活动的地点过于偏远，读者难以到达可能会导致大多数读者放弃前往参加活动。

4. 投入资金，修建阅读空间

随着社会的发展，人们对精神层面的追求逐渐重视，有阅读需求的人越来越多，仅依靠省内设立的一两个公共图书馆很难完全满足所有人的阅读需求。特别是节假日期间，较多人都前往图书馆，可能会导致图书馆容纳空间不足。因此政府应加大资金投入，在全省范围内修建多个阅读空间，实现需求最大化满足。比如吉林省曾提出的"百姓书房"，就是采取在全省范围内，修建多个阅读场所，开展阵地服务，便利读者，让民众能够就近参与阅读推广活动，享受阅读服务；或者在地铁站等公共场所设立读书空间，让人们可以将这些碎片时间利用起来，在等待的空闲时间里参与到阅读活动中。

（三）丰富活动内容，提供优质资源

阅读推广活动开展的本质目的就是通过活动将资源传向读者，进而达到促进读者阅读兴趣的目的。活动与资源作为阅读推广的核心，对于活动的重要性不言而喻，好的活动内容以及高质量的资源类型对读者满意度有着一定的提升作用。因此图书馆可以从活动本身以及资源本身两个方面进行提升，从而达到提升读者满意度的目的。

1. 创新活动主题，丰富活动内容

一个活动开展的主题能让读者对活动整体有一个直观的感受，新颖有趣的活动主题对读者的吸引更大。图书馆方要紧跟时事，积极创新，积极探索丰富多样的活动主题，可以结合当地发展情况、相关政策和当地的文化特色等基本情况开展不同主题类型的活动。

2. 丰富资源类型，满足不同读者需求

参与公共图书馆的读者是不同年龄段的、来自社会不同职业领域的，他们的需求是多样化的。因此，图书馆首先应该做到不断丰富自身馆藏资源，保障资源的充足性。其次应该充分考虑不同读者的不同需求，在活动中为读者提供丰富的、可供选择的资源类型，比如针对少儿读者，可以提供绘本类读物，针对老年读者，则可以提供一些经典类读物。除此之外，由于信息技术的发展，目前人们越来越多地倾向于网络资源的阅读，对此图书馆还应该注重自身资源的有效整合，将馆内的纸质阅读资源和电子阅读资源进行有效补充和整合，同时加强数字化建设，搭建数字化平台，引入智能设备，优化图书馆信息检索系统，满足读者快速方便获取文献的检索需求。

3. 保障资源，以高质量的资源服务读者

图书馆作为专业的信息资源存储、借阅地，举办的阅读推广活动具有一定的权威性，阅读资源作为推广活动的核心，一定要保障资源的质量。如果资源内容粗糙、质量低下，不仅让读者在活动中收获较少，还会影响读者对活动的整体感知。因此，图书馆在采购图书时，要做好前期审核工作，选择购买来源权威的优质图书，在推广活动中，将馆内优质资源作为主推对象，推广给读者。

4. 开展前期调研，满足阅读需求

各行各业的人都有一定的阅读需求，不同的人，阅读的目的不同，需求也会大相径庭。因此，公共图书馆在开展阅读推广活动之前，要做好前期的市场调研工作，了解不同读者对推广活动的要求和建议，针对建议，更好地统筹策划组织活动，最大程度满足读者需求。

（四）激发读者兴趣，提升活动效果

活动效果处于阅读推广活动传播链条的末端，是基于多种因素作用后产生的一种结果。对于读者而言，阅读推广的效果是指其通过活动所获得的相应的收获，活动效果在一定程度上影响了读者对活动的满意程度，效果的提升在一定程度上也会让读者对活动的满意度的提升。相关研究表明推广方式以及读者因素会在一定程度上影响活动效果，进而影响到读者满意度。因此图书馆可以从推广方式以及读者角度考虑，做出相应的改善措施，提高活动效果。

1. 丰富活动宣传渠道，设立激励机制

在阅读推广活动开展前期，图书馆需要对活动进行一定的宣传。宣传工作做到位，让更多的人了解到活动相关信息，积极主动参与其中。现今社会，信息技术高速发展，人们更倾向于通过网络来获取信息，因此图书馆可以在确定了初步的活动方案后，利用各种社交网络平台进行活动信息的推送。这

样不仅能让大众对即将开展的阅读推广活动有所了解和准备，还可以向大众征集意见，及时对活动相关细节进行调整，既实现了促使大量读者参与活动的目的，又保证了活动是与大部分读者需求所匹配的。

2. 利用信息技术，创新活动举办形式

在信息技术日益发达的今天，图书馆也应引入信息手段，积极探索阅读推广新路径，以多样化形式开展活动。

3. 加强宣传教育，提升读者参与意愿与能力

阅读推广服务对象的参与意愿与阅读推广工作的效率呈正相关，读者若是自愿参与到活动中，其参与积极性越高，越能推动阅读推广工作的展开。因此图书馆方要加强宣传，向大众传播阅读的重要性，引导读者积极主动参与阅读推广活动。此外，图书馆也应加强对读者的培训和宣传推广，可以加强与读者的联系，印发使用指南以及馆内信息简介向读者介绍馆内设备的使用方法。同时图书馆也可以在节假日等休闲时间举办相关的知识技能培训讲座，如信息检索技巧大讲堂等，对读者进行相关技能的培训和信息素养的培养。

第二节 读者参与问题

一、阅读推广参与行为影响因素研究

参与，即指个体或组织进入某种状态之中，包括主体的情感参与和认知参与，最终通过行为参与来实现。简言之是主体对某一活动的能动性过程。持续参与是参与行为的扩张性行为，包括再次参与某种活动或者服务以及宣传与分享的可能性，与营销学中的忠诚度有相似之处。在图书馆领域认为参与是开展阅读推广活动的着力点，对参与行为的研究能够有效促进阅读推广

活动的开展。如今国内外针对营销活动参与行为的研究较为丰富，比如节日的营销活动，旅游营销活动等，但针对阅读推广活动参与行为的研究较少。研究阅读推广参与行为除了受到公众首次参与动机的影响，还应受到公众参与体验后的满意度影响，当满意程度较高时，公众往往会对其进行宣传、分享和持续参与，从而提升阅读推广活动的参与度，促进阅读推广活动的高效开展。

（一）参与动机

阅读推广活动的参与动机是影响阅读推广活动参与行为的重要因素。目前研究参与动机的理论颇多。

自我决定理论认为内在动机、自我效能、同伴价值观是促进阅读的重要动力。但还有人认为与内在获得感相比，阅读活动的有效性更依赖于外在动机，包括社会认可动机，竞争动机和规范性动机等因素。期望值动机理论模型探讨阅读效用，阅读动机结构，阅读成绩和阅读行为的相互关系。阅读花费的时间（便利性）因素同样是影响阅读行为的因素之一，阅读的简便性利于读者采纳阅读行为，从而促进阅读活动的推广。

影响群体参与阅读推广活动的因素还有物质动机、精神激励动机、政策动机和竞赛激励动机等。此外，还有交友动机、信息获取动机、获利动机、兴趣、自我发展、成就感、从众等动机。

（二）阅读推广参与满意度

图书馆将读者满意度作为评价阅读推广活动的一个重要指标。近年来，随着对于提升读者参与满意度的重视，要求阅读推广活动不仅极具吸引力，另一方面要不断提升阅读推广服务的质量与水准。因此，国内外的研究者致力于将满意度的理论应用于阅读推广服务中，主要可以概括为两个方面：阅读推广活动满意度测评及活动参与满意度的影响因素研究。

满意度一直是营销学中重要的研究方向，因此国内外关于满意度测量模型研究较多，大多以服务质量模型、期望确认模型、顾客满意度指数模型、重要绩效模型为基础构建起适合图书馆阅读推广服务的测评模型。

顾客满意度指数模型指人们对事前预判和体验后感知价值的差距，根据满意程度不同会产生抱怨与信任。阅读推广者素质、推广活动内容、服务对象素质，载体与环境都会对阅读推广满意度产生不同程度影响。期望差异理论认为个人在接受服务过程中期望值与实际感知值之间的差异，表达个人期望得到满足的程度。

读者满意度是读者期望和实际体验阅读活动间的差异，所形成的愉悦或者失望的情绪，还会影响读者参与阅读推广服务的类型、是否再次参加，是否向他人推荐宣传等方面。读者感知活动质量、阅读推广活动的成熟度、读者期望等都会影响读者满意度。阅读推广活动的资源与环境、推广内容活动结果都会影响阅读推广满意度。公众对服务质量满意度是影响其产生参与行为的另一重要因素，活动的质量、环境的美感和舒适感是影响公众产生满意度的主要因素。服务环境、服务态度、服务速度、服务范围和服务深度都会影响公众对活动的满意程度，从而影响阅读推广活动的参与程度。

（三）参与动机、满意度、持续参与关系研究综述

个体行为会受到动机驱使，是动机的外在表现，动机决定了行为的外在形式、强度与持续时间，而满意度是影响持续参与的重要驱动因素。提升满意度是培养用户持续参与的重要变量，即用户在不同内外在动机的驱使下使用某种产品或享受某种服务，若体验满意度较高时，其重复购买某种产品或享受某种服务的意愿越大，向外宣传与推荐的可能性越高，参与的忠诚度越高。

满意度对持续知识贡献行为产生正向显著影响。参与动机与满意度存在关联，并构建了自我发展、社会交往、社会认同、质量控制、社会遵从五大动机与参与满意度和参与行为的模型。动机、满意度和忠诚度之间存在相互

影响的正向关系。用户的参与体验是影响参与行为的重要因素，并通过自我决定理论期望确认理论证实内外在动机、满意度对持续参与行为具有显著的正向影响。

二、提升读者参与度的措施

（一）把握用户心理动机，激励用户参与行为

参与内外动机对用户参与行为与体验满意度都产生重要影响，因此应注重用户心理动机特征。通过上述研究发现，外在动机往往比内在动机对参与行为有着更为显著的作用，因此把握用户参与阅读推广活动的外在激励因素，有利于提升整体活动的参与程度。外在动机需要从不同层面进行激励，获利动机中的名人激励是其中较为有效的方式，因此图书馆可吸取国外经验，吸收社会各界的名人进入阅读推广人才队伍中，细化阅读推广人类别，注重不同阅读推广主体的合作互助，通过名人效应来激活全民参与阅读活动机制。另外针对不同的用户群体内外在需求，制定相应的用户画像。需顺应全媒体环境，阅读推广活动应在内容形式（如影视类比较受欢迎，特别是老年人的欢迎）、资源和载体平台上具备更多形态和组合路径，需要针对不同年龄群体，不同学历的人群进行精准阅读营销。

（二）提升阅读推广服务质量，提升用户参与体验满意度

服务质量是阅读推广服务工作的关键，也是提升用户满意度的核心。阅读推广活动的服务质量受到活动内容的影响，活动内容缺少创新力和丰富性，不但难以吸引活动参与者的注意，甚至会使参与者产生抱怨、抵触心理，降低用户的体验满意程度，因此为满足读者个性化要求，图书馆开展阅读推广活动时应扩充其内容和形式，注重读者反馈，从而提升图书馆阅读推广活动服务质量。图书馆阅读推广活动首先需在调查了解读者兴趣的基础上选定创新有趣的主题，有针对性地创造不同主题多样且覆盖多个兴趣点的活动内容。

其次各阅读推广主体可以使推广形式多样化，针对不同的受众，将活动内容以故事、视频、绘本等形式进行呈现，注意现场活动参与者的反馈。虚心听取参与者的意见，就不好的或者不严密的活动流程尽快作出调整。最后积极做好活动结束后的调查，可采取调查问卷等方式获取现场服务质量评价，同时了解活动参与者对本次活动的满意度。通过读者适时的反馈，虚心采纳读者意见，并对反映较好的阅读推广活动的形式与内容加以推广，放大优势，并积极借鉴国内外优秀的阅读推广活动，创造出适合中国国情的阅读推广内容与形式，提升服务质量的同时，满足参与者的需求，增强读者参与体验的满意程度。

（三）打造阅读推广活动的品牌，提升用户持续参与行为

用户持续参与体现在重复享受某种服务的意愿，以及向外宣传与推荐的可能性。相关调查显示，目前阅读推广活动参与者的频次较为混乱，没有固定的时间规律。因此，首先各公共图书馆可联合各部门的力量，结合特殊节日、城镇特色、地方文化等开展具有特色的阅读推广活动，全面有效引导公众形成规律的群体阅读习惯，且与读者共同创造阅读活动的品牌价值与效应。其次，选择目标群体偏爱的主题进行活动，开展交互式宣传，并通过用户画像等数据挖掘的手段，描绘不同群体的阅读活动的偏好与需求，构建符合读者需求的服务模式，彰显活动的价值。最后发挥线上媒体的作用，利用各种数字平台进行活动推送，使用户对即将开展的阅读推广活动有所了解和准备，且能够征求活动的方案并及时对活动内容进行调整，增强读者体验获得感分享，增强用户黏性，实现阅读推广活动价值的提升。

第三节 读者从众问题

一、从众行为

从众行为从字面意义上理解就是"跟从大众",即主体因客体影响,表现出与客体一致的态度或做出一致的行为。主体通常指从众个体,客体则可能是个体、群体、组织以及政策,法律法规等,甚至也可以是意识层面的主体的经验和本能。

从众行为在现实生活中和以往大多研究中经常被等同于"跟风""随大流"和"羊群效应",这其实是对从众行为的一种误解,这种说法掩盖了从众行为也是主动的、有目的的行为的本质。然而,这种说法也并非空穴来风,"跟风""随大流"和"羊群效应"都是规范和压力作用下的从众行为表现,某种程度来说,以上三种行为确实是从众行为,但只是从众行为的一部分。从众行为和羊群效应在动机、作用时间等方面都存在较大差异。羊群效应的动机一般是个体为了实现趋利避害的目的或者为了迎合他人的期望。从众行为的发生动机更多样,除了上述目的,也包括个体寻求信息的行为目的。羊群效应通常是当即发生的行为,而从众行为作用时间更广泛,既能发生在当下也能发生在未来时点。由此,本文所说的从众行为,是指个体思想观念或行为受到个体或群体影响,在当时或未来时间点做出与其相似或者相同行为的一种广泛的行为现象。

二、从众行为的特点

(一)顺从、内化程度取决于自我效能提升需求

自我效能是个体在实现目的或达成目标时,对自我能力的一种感知和信

念，形成于直接经验、替代性经验、言语劝说、情绪及生理状态。阅读推广中的顺从行为主要体现在听从宣传劝服，内化行为主要体现在追求情感体验，这两者分别对应了"言语劝说"和"情绪及生理状态"两条路径，说明从众是提升自我效能的一种渠道。"言语劝说"下读者出于对特定技能和表层知识学习的需求参与阅读推广活动以满足浅层次信息需求。"情绪及生理状态"下的内化行为则在于激发自我的学习动力，对知识进行延展和实现情感体验，即满足读者深层次的信息需求。自我效能提升需求越大，从众行为表现越明显。信息需求层次由浅变深，从众行为也将由顺从行为向内化行为变动。因此，针对两种类型读者的信息需求，公共图书馆应以"分群体、有重点"为原则，进行活动宣传。

（二）认同行为呈现差序格局

读者认同行为中"熟人认同"大于"生人认同"，这与人际信任中"熟人信任"大于"生人信任"的差序格局相似。读者认同程度高低与影响主体的关系远近存在重大关联。认同程度由高到低对应的主体分别是"性格、经历相似的人""尊敬和关注的人""明星、网红"。

"性格、经历相似的人"既包括读者生活圈子中与自身关系较好的人，也包括网络平台引起读者共鸣的人。生活圈子的人对读者的影响在行动层面，网络平台引起共鸣的人对读者的影响多停留在意识层面，如有读者在短视频平台关注了一些生活博主，平时主要跟着学习美食、收纳小技巧，当发现他们去参加阅读活动时，更多的是意识到读书对自己很重要，但不一定非要去参加活动。

"明星、网红"对读者的影响也停留在意识层面，与读者的追星程度以及读者自身条件便利性存在一定关系。这种意识上的影响有可能转变为读者对特定某本书或某个图书馆的认同，但是延展性和持续性都较差，如"有读者为了追星，专门到明星到过的图书馆去打卡，打卡后却不会再持续参加活动或者进行阅读"。

"榜样和偶像"则是介于另外两类群体之间，生活中的"榜样和偶像"对读者的影响多在于行动层面，网络"榜样和偶像"对读者的影响多在于意识层面。总体来看，低水平认同主要是"生人认同"，对读者的影响多在于意识层面。高水平认同通常为"熟人认同"，对读者的影响在于行动层面。因此，公共图书馆在开展活动时应以"线上提升意识、线下榜样带动"为原则进行宣传。

三、从众行为的影响效果

（一）模仿榜样行为中生活榜样影响大

"模仿榜样"对提高读者活动参与意愿的影响效果最强，"榜样"中"身边的人"对读者的影响效果最为显著。这是人际信赖延伸为活动信赖的一种体现。目标相同、价值契合、行为相容是实现榜样效应的三个基本条件。然而，目前的阅读推广活动大多是利用名人效应进行宣传，对生活圈中的"榜样"宣传力度不足。虽然，明星、偶像等"榜样"影响力强，影响范围广，可以为活动吸引更多读者，但因其与普通读者自身的阅读目标以及行为方式均存在较大差距，往往会造成实践活动效果低于预期，甚至浪费社会资源等情况。

（二）听众宣传效果受宣传渠道、机构影响大

对于读者获取阅读推广活动信息而言，图书馆官方平台、本地媒体以及熟人的宣传作用比较明显，也就是说，权威的信息源和高可信度的信息是读者接受活动宣传的重要前提。

从宣传渠道来看，公共图书馆的活动信息主要通过馆内宣传海报、官方网站以及微信公众号进行宣传。这种宣传方式虽然权威，但吸引的大多是经常到馆的读者，对新参加者的吸引力度小。公共图书馆应在研究读者阅读心

理和兴趣的基础上采用个性化的方式推广阅读。大量被调查者会通过微博、短视频等渠道获取活动信息。大多数省市级公共图书馆虽已开设了微博和微信公众号官方，但对抖音、快手等短视频平台的应用还不足。

（三）追求体验效果重在活动设计与互动

良好的阅读推广活动体验感主要来源于活动设计以及互动环节。活动设计对读者体验的影响体现在馆内场景设计和内容环节设计两方面。活动内容能否带给读者良好的体验感与活动主题和活动形式密切相关。互动环节对读者体验的影响存在于活动前的信息咨询、活动中的读者交流以及活动后的信息反馈。良好的活动体验能增加读者活动参与意愿，而这种良好的体验也对图书馆优化以下方面提出了要求：一是馆内场景要舒适、便利；二是活动要具备独特性和吸引力；三是交流要及时，交流环境要轻松。

（四）思想价值认同意识层面影响作用强

价值认同包括认知认同、情感认同和行为认同三个层次。对于阅读推广活动而言，认知认同是指读者对阅读本身以及对图书馆本身的正面印象和认识，是读者对事物的感受。情感认同是指读者对"类似性格、经历的人"的积极、肯定的看法，是读者对人的感受。行为认同则是指读者把认知认同和情感认同付诸实践，即产生活动参与意愿和活动参与行为。三种认同表现不是单一存在的，在时序上也未呈现链条关系。认知认同和情感认同都会影响其他三种从众行为。认知认同能提高读者对活动体验的感知水平，情感认同也会增强模仿榜样效果和听从宣传劝服效果。因此，思想价值认同对读者活动参与意愿的影响更体现为一种意识层面的影响，并能通过其他三种从众行为发挥作用。

四、面对读者从众问题的建议

（一）宣传基层榜样增强行为可模仿性

公共图书馆在以榜样模仿为动机吸引读者参加活动的宣传推广中，应更重视"身边的人"的榜样挖掘、文案创作以及实施适当的宣传措施。如上海市儿童图书馆"亲子朗读声音档案大征集"活动，即是利用亲子读者榜样进行亲子作品朗读，吸引其他亲子读者参加活动。湖南省浏阳市以"阅读明星"王灿明老师自身酷爱阅读为学生树立榜样，来吸引当地学生和家长参加阅读活动。图书馆开展阅读推广活动可与本地社区深入合作，通过基层管理力量，发现不同领域热爱读书的阅读榜样，展开基于生活榜样的阅读推广活动，使其与读者地缘亲近，阅读目标、思想价值和行为方式接近，这样读者会更容易模仿进而产生更大影响。

（二）创新渠道、扩展合作加深宣传实效

公共图书馆在以听从宣传为动机吸引读者参加活动的宣传推广中，应做到以下几点。第一，重视对"个性化""时代化"平台的应用和活动设计，在稳固现有宣传渠道基础上，积极应用抖音、快手、小红书等进行活动宣传，如嘉兴图书馆与华为、支付宝开展合作，推出支付宝老年大学线上培训课程等特色活动，来吸引读者学习科技知识。同时，公共图书馆应引进或培养专业技术人员负责活动宣传设计、剪辑以及账号运营，并根据粉丝数据分析结果优化活动宣传，使活动在读者中获得最大曝光率。第二，宣传内容重视"实用性"和"高效性"。为吸引新读者，满足读者的浅层次信息需求，活动宣传内容应突出办公技能、爱好培养、医疗防护和新技术普及等方面知识，宣传文案应明确读者参加活动的收获点，兼顾"简洁性"。宣传形式应适当引入快闪、短视频等，拉近与读者的距离，激发读者的参与热情。第三，重视与社会机构合作开展活动。公共图书馆可与本地文明办、旅游局、博物馆、

妇联以及少年宫等相关社会机构加强联系，如尖沙角图书馆和当地学校联合，每学期根据阅读积分选取"阅读之星"，调动学生阅读积极性。通过联办、协办等方式，推动社会资源共享，使活动常态化。这样不仅能使活动常办常新，还能增加活动对读者的影响力，使读者更易接受活动宣传。

（三）精品设计加互动巩固内化行为

公共图书馆在以追求情感体验为动机吸引读者参加活动的活动设计中，应重视打造地域活动、品牌活动，向活动参与者转变。在开展普适性的主题活动之外，因地制宜，将地域文化渗入阅读推广活动，如广东省立中山图书馆与岭南汉服文化研究协会合作举办汉服与汉文化体验活动，来吸引读者对岭南汉文化的学习。图书馆可加深与当地文化局、旅游局以及社会文化团体的合作，加强对馆内工作人员的地域文化培训，使阅读推广活动中的文化设计和讲解更加专业。同时，应更重视品牌活动的趣味性，积极探索活动新形式，如"哈利·波特主题读书会"倡议到场读者身穿学院服、手持魔法杖一起嗨翻全场。公共图书馆可适当借鉴综艺节目或影视作品中的活动形式，调动读者的参与积极性。

此外，公共图书馆应更加重视与读者交流的互动性。对于活动前的信息咨询和活动后的建议反馈，公共图书馆须健全线上线下交流渠道，由专人负责答疑解惑，根据实际情况建立读者交流群，允许读者在群内自由交流讨论，提高图书馆对读者的黏性。在活动中，应更重视倾听读者声音，分享读者情绪，如"读《翻译官》"新书推介活动，专门搭建线上平台让影视粉丝就电视剧和演员自由讨论，来唤起读者对实体书的阅读兴趣。公共图书馆在阅读推广活动中应逐步由组织者向参与者转变，可安排专人或引入智能机器人与读者进行实时交流，使读者在无障碍交流中获得更好的活动体验，从而增加活动参与意愿。同时，公共图书馆还要完善读者互动群，在保障读者个人信息安全的前提下，畅通读者间的交流渠道。调查发现，很多图书馆都建立了阅读推广活动、QQ 通知群，但有些群内设置了全员禁言，虽然方便了活动通知，但也阻碍了读者交流。读者互动群对于维系读者黏性有着重要作用，允许读者自由讨论，将吸引更多读者把阅读落在行动上。

（四）宣扬阅读价值和励志故事促进行为认同

图书馆在以思想价值认同为动机吸引读者参加活动的宣传推广中，应做到以下两点。第一，加深读者对阅读价值的认可。这就要求阅读活动要具备高曝光度和强影响力。线上宣传活动应加强与正能量公众人物的合作宣传，同时抓住央视阅读类活动热度，推出相关书目的读书会、打卡阅读、征文比赛等活动，扩大图书馆的社会影响力，使读者意识到阅读的必要性和重要性。如央视《朗读者》节目热播后，金陵图书馆、安徽省图书馆、上海图书馆等都举办了相应的"朗读亭"线下活动，吸引了当地众多读者参加。线下宣传活动可与当地公共媒体合作，对阅读活动进行常态化宣传，如在电视节目顶栏、出租车广告牌每日滚动阅读活动信息，使阅读行为潜移默化成为公众生活的一部分，提高读者的认知认同程度。第二，加深对个人经历的宣传，增加读者情感共鸣。如多个公共图书馆公众号都对吴桂春的经历进行报道，来激发读者对阅读的热情。公共图书馆应充分运用馆内留言簿和网站留言功能，关注读者在阅读中的情感状态，在读者知情前提下，对阅读中的感人事例和励志故事进行宣传，提高读者的情感认同程度。这样读者会更愿意把阅读实落到行动，增强活动参与意愿。

第四节　弱势群体问题

一、弱势群体的含义

弱势群体既是一个客观存在，也是一个普遍存在。这里的"弱"不仅表现为弱势的社会地位以及弱势的经济收入，还表现为知识获取的弱势。绝对弱势群体就是指在社会发展中经济收入、竞争能力以及社会地位等均处于劣势的人群共同体；相对弱势群体是指拥有部分自主能力，有限度地享有教育、就业等基本权利的人群。社会性弱势群体是指由于社会地位以及经济条件的限制而处于相对劣势地位的群体，主要包括城镇下岗以及失业人员中的那些贫困群体、农村贫困群体以及处于单亲或犯罪边缘的青少年等；而生理性弱势群体则是指那些在身体以及心理情况方面存在缺陷的一部分群体，主要包括老年人、残疾人以及一些处境困难的儿童等。

对于公共图书馆服务的弱势群体来说，主要是服务的是弱势中的"知识贫困"群体，是指部分社会群体，由于自身知识存量的匮乏而缺少发现知识、获取知识、交流知识、利用知识的能力。这部分弱势群体主要包括未成年人、老年人、残疾人以及低收入群体等。

二、图书馆为弱势群体服务的必要性

图书馆是人类文明的传承机构，公共图书馆更是各种社会信息的重要集合点，作为实现公民平等阅读权利的重要场所，毋庸置疑，它将成为阅读推广活动开展的主阵地。公共图书馆是实现公民基本文化权利的场所，有义务保障公民普遍平等获取信息的权利。公共图书馆促进全民阅读，进行一系列阅读推广活动，不仅是维护读者平等获取阅读权利的措施，更是对弱势群体阅读权利的保障。

（一）图书馆肩负着为弱势群体服务的使命

图书馆是免费面向大众开放的，在面向弱势群体开展阅读推广活动时有其独到的优势。图书馆因其自身性质以及服务对象的广泛性，在馆藏资源方面比高校馆以及其他专业馆都更加丰富。图书馆馆员拥有良好的专业素养，更需要承担为读者提供图书推介的职能。图书馆应该重视面向弱势群体的服务，馆员应该努力成为弱势群体阅读推广的规划者、管理者以及协助者，积极主动地为弱势群体提供服务。

（二）弱势群体需要图书馆的帮助

弱势群体之所以成为弱势群体，是因为他们在某一方面有缺陷或是缺乏竞争性，而无法如普通群体一样获得所需权利。然而应该得到我们正视的一点就是，他们其实如普通人一般有对阅读的需求和对知识获取的渴望，甚至从某种程度上来说，这种需求比一般人更加强烈。他们渴望凭借知识的力量冲破种种枷锁，打破困境，获得自我提升。而要想做到这一切，仅仅依靠弱势群体自身的力量显然微不足道，还需要社会各界的帮助，作为弱势群体减压阀和精神乐园的公共图书馆更应该为他们提供相应的服务。图书馆应积极为弱势群体提供服务，使其对图书馆的利用达到最大化，完成自身的使命，也满足弱势群体的需求。

三、图书馆弱势群体阅读推广中存在的问题

面向弱势群体的阅读推广活动在全国各地图书馆以不同的形式开展，是值得提倡和继续坚持下去的，越来越多的弱势群体在阅读活动中受益。图书馆的阅读推广，为弱势群体指明了阅读的方向，为他们提供阅读资源，激发了他们的阅读兴趣，使他们获得了更多的知识，能够更好地适应社会生活。公共图书馆在面向弱势群体进行阅读推广服务方面成绩斐然，但是我们也应该注意到在阅读活动大张旗鼓开展的背后存在的问题。

（一）图书馆未成年人阅读推广中存在的问题分析

1. 阅读推广层次性不明显

想要把阅读推广活动做好，首先要对服务对象有一个明确的定位，从而根据阅读对象的不同特点采取差异化的推广方式。当前我国图书馆在面向未成年人开展阅读推广工作时，大多没有进行明确的层次分级，即没有根据不同年龄阶段的未成年人进行分级阅读推广。处于不同年龄阶段的未成年人无论是在阅读选择还是认知能力方面都存在一定的差异性，而我国图书馆在对未成年人进行阅读推广时大多仅仅就"未成年人"这一笼统的概念服务。这里的"未成年人"又多是指少年儿童，在面向婴幼儿读者的阅读推广方面鲜少见之，仅苏州图书馆推出了"悦读宝贝计划"。

图书馆在这方面的缺失大致有两方面的原因：一是由于公共图书馆服务意识不到位，二是公共图书馆的宣传不到位，公共图书馆面向未成年人的阅读推广活动，应该要实行分级阅读，提供特色服务，从婴幼儿抓起，赢在起跑线上。

2. 缺乏与外界的沟通与交流

阅读推广不是闭门造车，不是公共图书馆一力可为之，特别是在面向庞大的未成年人群体时，更需要与外界的通力合作，方能获得满意的结果。公共图书馆有义务为未成年人提供阅读推广服务，但这并不意味着公共图书馆不需要与外界联合。由于信息的不完全和能力限制，一些公共图书馆不能跟上时代发展的步伐，不能及时了解国家政策的变化，对阅读推广活动重视不够，活动内容陈旧单一等。这种情况不仅会造成大量闲置资源的浪费，以一己之力开展阅读推广活动也会出现资金短缺、服务范围受限等一系列问题。

图书馆未成年人阅读推广活动缺乏与外界的交流与合作，大多是因为害怕阅读推广演变成商业化的活动。拒绝商业化组织加入阅读推广活动中，排斥商业化的阅读推广形式，这也是造成公共图书馆未成年人阅读推广活动形式单一化的原因之一。儿童阅读推广不要害怕商业化，甚至应该在一定程度上加入商业化的推广模式，因为这样可以扩大阅读推广的服务范围，增加阅读资源，丰富阅读推广的形式，这才是公共图书馆开展阅读推广活动的初衷。

3. 阅读推广活动形式单调

根据对图书馆未成年人阅读推广现状的调查可知，面向少儿的阅读推广活动形式主要包括读书会、讲座、展览、阅读竞赛以及阅读传递等。面向婴幼儿的阅读推广活动就显得更为有限，不仅在活动形式上表现出了单一性，且开展阅读推广的图书馆数量也屈指可数。活动形式的单调性必然会影响阅读推广活动的开展范围以及取得的效果。图书馆面向未成年人阅读推广活动形式表现出的单调性主要有两方面的原因：一是面向未成年人阅读推广活动开展具有一定的局限性，尤其是针对婴幼儿的阅读推广活动，无论是在活动对象的确定上还是活动形式的多样性方面都会受到一定的限制。二是图书馆在阅读推广活动形式的开发上缺少新意。这是由于图书馆专业阅读推广人的缺乏，且在阅读推广活动中缺少与其他类型图书馆以及各类组织的联合。

（二）图书馆残疾人阅读推广中存在的问题分析

1. 无障碍资源建设不足

在这里的"无障碍资源"包括无障碍的物理环境、阅读资源以及阅读辅助设备。毋庸置疑，残疾人由于自身缺陷而成为弱势群体，然而图书馆在面向弱势群体进行阅读推广时仍存在一些不可忽视的问题。残疾人读者中许多自身行动不便，到馆阅读本身就十分困难，但图书馆在无障碍设施方面还不能尽如人意。事实上无障碍设施并非看似的那样"健全"，许多盲人反映盲道有时甚至成了陷阱，因为很多盲道的设计根本不合理，同时由于盲道缺少必要的维护措施，很多已经破旧不堪难以辨认。阅读辅助设备不健全，甚至于许多残疾人还不会使用这些阅读设备，这些反而是增加了他们阅读的难度。殊不知每一次的阅读受挫，都会给他们脆弱的心灵上留下深浅不一的伤口。

这一现象的出现大致原因有以下几点：一是公共图书馆的资金短缺。我国公共图书馆的资金来源渠道单一，资金短缺问题成为制约大多数图书馆发展的瓶颈。二是由于市场上针对残疾人群体的文本资源和阅读辅助设备价格昂贵，更新慢。出版盲文读物的出版社少，而且制作盲文资源的成本高，尤其是有声读物。而公共图书馆能够提供的资源数量有限且更新速度慢，这根本无法满足残疾人群体对知识的需求。

2. 服务对象狭隘

图书馆在面向残疾人开展阅读推广服务时主要是针对视障群体。事实上大致可以将残疾人读者分为以下四种类型，即视障读者、听障读者、肢障读者以及智障读者。国外图书馆对于这几类群体都提供了不同形式的服务，显然这方面我国仍有不足。

究其原因大致有如下两点：一是残疾人群体自身问题。很多残疾人由于生理缺陷或是行动不便，不愿意走进图书馆，不愿意参与阅读活动。二是由于图书馆的服务意识还未完全觉醒，对阅读推广活动的宣传也不到位。图书馆面向残疾人的服务还处于"等待式服务"，在宣传时也多是以网站公告和馆内公告为主。这种宣传以及服务形式对于行动不便和不会使用计算机的残疾人读者来说就存在很大的局限性。

(三) 图书馆老年人阅读推广中存在的问题分析

1. 阅读资源短缺、针对性差

图书馆的馆藏资源中适合老年人群体的少，而且更新慢，一些书籍的字体和排版都不适合已经上了年纪的老年人读者。老年读者在选择阅读资源以及阅读方式上都有自身的特点，在阅读资源上他们更倾向于医疗保健以及增长见闻方面，而在阅读方式的选择上，他们乐于传统纸质书籍的阅读，许多图书馆提供的电子数字资源老年人使用的却并不多。这大部分是由于他们并不会使用这些新兴的电子产品，而且这些数字资源中真正能让他们感兴趣的资源又乏善可陈。

图书馆在面向老年人开展阅读推广活动时出现资源短缺以及针对性差等问题，原因要归结为以下几点：一是图书馆未重视对老年人的阅读推广服务。与其他弱势群体相比，老年读者更具备充足的阅读时间。加之近年来"空巢老人"的出现，他们更加需要通过阅读来获取精神上的富足。二是图书馆没有根据老年人的阅读特征购买针对性的资源，也没有设立专门的服务区域，这些广而泛之的服务并不能切实满足老年人的阅读需求。

2. 阅读推广活动方向单一、持续性差

我国图书馆在面向老年人进行阅读推广服务时，采取"引进来"的服务模式远大于"走出去"的模式，而实际上这正是图书馆在阅读推广中应该积极加强的一方面。"送书上门"作为图书馆"走出去"的一种服务模式给那些由于各方面原因而无法到馆的老年读者提供了阅读机会，今后更应该以此模式为基础进行大量推广。同时图书馆面向老年人的阅读推广活动开展缺乏持续性，一些图书馆只在"世界读书日"或是重阳节等才会针对老年读者开展阅读推广活动，对活动开展的后续效果关注也不够。

（四）图书馆农民工阅读推广中存在的问题分析

1. 网点少，延伸服务少

近年来公共图书馆面向农民工群体的阅读推广服务正在逐渐升温，各种推广活动也在各地如火如荼地举行，但由于很多建筑工地都处于城郊或经济开发区等偏远地带，农民工群体要去图书馆阅读就存在时间和距离上的障碍。虽然一些地区的图书馆正尝试或已经与工地联合创办了农民工图书馆，但相较于数量庞大并与日俱增的农民工群体来说，这些图书馆又显然太少了。图书馆的建设理念偏向于大而全，与此同时，在现已开设的面向农民工群体的图书馆又存在收费的门槛，这也会使得他们驻足不前。图书馆为农民工服务的覆盖范围以及阅读资源都存在一定的限制，除了开办农民工图书馆之外的延伸服务也极为有限。农民工群体的受教育程度有限，如果不对他们进行技能培训，即使有再好的资源也无法得到充分的利用。

2. 缺乏专业性指导，阅读推广效应不明显

就目前情况来看，图书馆从业人员专业水平参差不齐，存在一人多岗、多头管理的局面。农民工群体的阅读有其自身的特点，他们的阅读更倾向于

娱乐性质，在阅读时也多采取"浅阅读"的浏览型。图书馆在开展阅读推广活动时大多只是充当提供阅读资源的角色，而疏于对他们的阅读指导。这样的阅读推广形式其实多半是没有实际效果的，停留在消遣娱乐角度的阅读显然与阅读推广开展的初衷并不一致。农民工对于知识的需求是迫切的，苦于缺乏专业性的指导。图书馆从业人员的综合素质参差不齐，对服务对象的影响是显而易见的。

四、发展建议

（一）丰富馆藏资源，提高馆员素质

图书馆要将阅读推广活动进行下去，丰富的馆藏资源是首要前提，在这里"馆藏资源"不仅是指纸质资源、数字资源，也包括一系列阅读辅助设备。首先，在对未成年人进行阅读推广时，要了解他们的阅读特点，提供阅读资源时要增加绘本资源。在采购绘本时要严把质量关，可以给相关出版社提出建议，同时应该强化读者荐购的功能，听取家长和小读者的建议，使得图书资源能够更加切合他们的需求。其次，对于残疾人读者的阅读推广，应该多提供高质量的视听资源和盲文资源。除此之外还要注重阅读辅助设备的配置。再次，要充分考虑老年人读者的阅读需求。老年人读者较为感兴趣的资源包括时事新闻类、营养保健类以及兴趣爱好类等，在采购时要具有相关偏向性，在图书类型上也要注意尽量选择大字号的文献资源。最后，在面向农民工读者时，除了提供相关阅读资源外还可以设立阅读推荐书架。鉴于农民工读者的知识水平和阅读时间有限，图书馆应该为他们设立专门的推荐书架，节约他们的选择时间，同时这种"介入式"的方式也能够提高他们的阅读效率。

针对现在公共图书馆馆员素质参差不齐的状况，图书馆也应该拿出相应的解决方案。面向弱势群体进行阅读推广势必要比面向普通读者付出更多，

而对图书馆员的要求也相对更高。公共图书馆可以仿效"学科馆员"建设要求，针对不同的弱势群体对馆员进行培养。对馆员的专门培养，不仅能唤起他们的服务意识，同时专门性的研究更加能够保证公共图书馆在面向不同类型的弱势群体开展阅读推广活动时的效率。

（二）明确服务对象，丰富活动类型

事实上很多图书馆还并不能完全明确弱势群体的涵盖对象，或者是虽然了解弱势群体的范围但在提供服务时又不能面面俱到。除在本文中提及的未成年人、残疾人、老年人以及农民工之外，还有一些弱势群体没有在研究范围之内，这都是图书馆应该明确，并努力提供服务的对象。明确了服务对象，充分了解弱势群体的不同特点，在开展阅读推广活动时才能事半功倍。明确服务对象之后，开展阅读推广的活动类型也是尤为重要的。目前图书馆面向弱势群体开展阅读推广的类型，大致以馆内阅读为主，辅之以各种阅读活动，如读书会、讲座、展览以及相关培训等。这些活动在形式上比较单一，并且缺乏持续性和针对性，图书馆应该努力丰富阅读推广的活动类型。近年来"真人图书馆"这一活动形式受到越来越多的追捧。"真人图书馆"对于弱势群体不仅是能够提供阅读知识的"活字典"，更能够通过提供人性化的阅读指导服务，强化阅读推广活动的功效。

无论是何种阅读推广形式都是为了扩大公共图书馆的服务范围，提高阅读推广的效率，公共在面向弱势群体开展阅读推广活动时必须不断创新、丰富活动形式，吸引更多的弱势群体读者参与进来，并努力提供更优质的服务。

（三）实施评估机制，坚持长效服务

任何一项活动缺乏评估机制，就无法持续获得完全的成功。只有事先建立良好的评估机制，才能促进阅读推广活动更好地开展。这里可以借鉴 20 世纪 80 年代正式确立的"3E"项目评估模式，所谓"3E"，是指经济（economy）、效率（efficiency）、效果（effect）。其中"经济"是指以最低可能的成本供应与采购维持既定服务品质的公共服务，"效率"是指投入与产出的比例，"效果"是指公共服务实现目标的程度。通过"3E"评估机制的建立，公共图书馆在面向弱势群体开展阅读推广服务之初要制定系统、翔实的计划，包括活动开展时间、频率，明确服务对象，加大宣传力度，增加资金来源渠道等，合理进行资源配置。在服务过程中要加强监管，可以建立临时小组负责活动，实行责任到人，不能只做"形象工程"。在阅读推广活动完成之后要进行效果评估，撰写活动报告，总结成功经验，找出推广活动中存在的不足，寻求改进的方法。

阅读是一项长期活动，伴随着人的一生，所谓"活到老，学到老"也是这个道理。要明确阅读推广的实质，在进行阅读推广时要坚持可持续的原则，力求获得长效的发展。这就要做到：①明确服务理念，这不仅要求公共图书馆开放向弱势群体提供服务的意识，同时更要将阅读推广的理念深入到每一个馆员心中。②拓宽阅读推广活动的宣传渠道，不单是馆内宣传，加强联盟之间的联合推广，同时充分利用网络时代便利的信息传播方式，让更多的弱势群体了解阅读推广活动。③设立专项资金、专业人员，实行专款专用，使得活动的开展拥有充足的资金保障，专业的人员提供专业服务，保证阅读推广活动的效果。

第六章　图书馆读者服务概述

第一节　图书馆读者与读者服务

　　读者作为社会历史的产物，是随着社会经济的进步和人类文明的发展而形成的。读者作为一种社会性的概念，主要是指具有文献需求的阅读能力，从事阅读活动的社会成员。在阅读活动中，读者是具有积极因素的主体，同时也是文献作用的客体与对象。读者不能构成特定的职业和社会阶层，它分散存在于一切社会行业和社会阶层之中。任何社会成员都可以根据自己的需要开展阅读活动，都可以成为读者。

一、图书馆读者的概念

　　图书馆读者是一个特指的概念，通常是指具有文献需求和阅读能力，并充分利用图书馆资源的个体和社会团体，是一个特定范围的读者，是社会读者中最为活跃的一部分。图书馆读者是图书馆服务的对象，图书馆的一切业务活动，都是以组织和指导读者的阅读活动为目的的。作为一种社会的宣传教育机构，图书馆的各项社会功能都体现在读者阅读活动的效益上。所以，读者是接受图书馆作用的对象，读者的阅读活动时刻都在接受图书馆工作的影响。同时，读者对图书馆资源的利用，一般都具有强烈的自主性。读者是图书馆真正的主人，图书馆的各种资源以及全部的业务活动都是以读者为核心的，其内容与规模是以读者的需求为根据，在充分尊重读者自主性的基础上，为读者提供全面的文献服务，从而满足读者的文献需求。图书馆读者数量庞大、成分复杂、类型多样，涉及极其广泛的社会成员。通常图书馆读者可以分为现实读者和潜在读者两大类型。现实读者是指在图书馆活动中有阅读行为的社会成员，其中包括图书馆的正式读者和临时读者。

二、图书馆读者服务的含义

在信息快速发展的今天，图书馆作为信息传递的重要场所，更多的是为读者提供快捷有效的服务。读者服务工作简称"读者工作"，就是组织读者利用图书馆资源的各项活动。在图书馆中，读者工作是直接与读者接触的第一线工作，它在现代图书馆工作中占有极其重要的位置，既是图书馆文献交流系统的中间环节，社会宣传教育系统的组成部分，也是图书馆工作的外在表现。

读者服务，是指图书馆根据读者的文献需求，充分利用图书馆资源直接向读者提供文献和信息的一系列活动，也被称为读者工作或图书馆服务。它是一种特殊的服务，是利用图书馆资源所进行的文献服务，其目的就是通过开发利用图书馆的各项资源，来最大限度地满足读者的各种文献需求。读者服务的实质就是向社会传播知识，向读者传递文献信息。读者服务的对象是来自社会各个阶层的有着特定文献需求的社会成员。这就是图书馆读者服务与其他行业的服务（商业、运输业服务）的主要区别。正是由于这种服务的特殊性，也就决定了图书馆读者服务特定的内涵和外延，它已绝非传统意义上的以借还图书为主的"读者服务"可以比拟的了。作为一个规范性的概念，现代的"读者服务"在内容上已经发展成为一个多成分多层次的网络结构。

应该指出的是，"读者服务"概念与现代社会中广为运用的"信息服务"概念是有区别的。"信息服务"是以用户的信息需求为依据，面向用户所开展的一切服务性活动。它是社会化的信息开发、组织、传递和提供的系统性工作，其基点是围绕社会成员的信息需求开展全方位、多功能的服务，满足社会各方面的信息需求，以维持社会的正常运行，促进社会的进步和发展。信息服务的内容是相当广泛的，包括了口头信息服务，实物信息服务和文献信息服务。而我们所说的"读者服务"概念，是以社会成员对图书馆资源尤其是对图书馆文献资源的利用为前提条件的服务，它是在特定范围内的文献信息服务，具有专指性。两个概念在内容和范围上具有内在的联系，但又各有侧重，二者的目的是相同的，都是为了满足社会成员的信息需求。随着现代科学技术在图书馆的广泛应用，图书馆各项职能的延伸，图书馆的读者服务工作将会逐渐向信息服务方向发展，积极参与社会信息服务活动，使图书馆资源得到最充分的开发和利用。

三、读者服务工作的原则

（一）充分服务

"充分服务"是读者服务工作的基本要求，要求馆员以图书为资源，以满足读者需求的最大限度为前进方向，凸显图书馆职能，以更好的服务促进社会物质文明和精神文明双重建设。图书馆作为公共财产使公民在利用该资源上拥有极大的权益。文献资源要最大限度发挥其价值，需要增加其使用频次。故此，充分服务是图书馆事业发展的必然趋势，这也是做好读者服务工作的客观要求。

（二）区分服务

本服务在内容上对读者做了适度要求，并根据不同读者的需求，针对性地选定服务方略，进而在服务内容上提供不同的文献信息。区分服务受制于社会职能等因素的影响，要求对图书服务性质及其服务机构、服务任务、服务内容等进行划分，以便于满足不同层次的、多维的需求。

第一，进行图书馆部门和机构设置的出发点在于读者需求、藏书使用特点等因素，在服务活动中各部门分工明确，如流通部门负责借阅，咨询部门负责图书参考，宣传部门负责辅导等，共同完成图书馆工作中的外借、图书阅览、文本复制、咨询服务、信息检索、周期定时服务、情报管理等事项。上述诸多功能及其服务机构和服务方式的深化，本质上体现了读者服务工作的特殊存在性，并要求其在提供服务时遵循相关机构和部门的规章、流程。

第二，图书馆馆藏资源和文献体系的动态化组织服务体系，受文献内容范围、文献载体形式变动、文献使用方式差异等因素影响。而读者类型和读者需求在结构上与此相同，且不同职业群体，不同年龄读书人群，读者受教育程度，读者兴趣爱好和读者使用权限等因素差异，决定了不同级别的图书馆间发展变化程度存在极大的差异。图书馆馆藏资源和文献体系在需求上呈现出对立统一关系。馆员在日常服务读者的环节，需针对性地采用区分服务策略，以确保图书馆资源的合理利用，最大限度发挥馆藏资源优势，达到物尽其用。

第三，图书馆作为一个有机统一体，馆藏资源和文献体系在社会活动中有机统一，并在发挥各自职能过程中相辅相成。图书馆社会教育职能的发挥，本质上受制于社会职能结构变化及其层次功能效果，为达到相应目的要求，需要充分发挥人类的智慧，通过各种方式极大限度地去落实教育工作，履行教育职能。本职能作为社会教育层面的要求，需要针对其一般规律、专业教育前景、思政教育必要性、技术教育必然性、综合素质提升教育等文献内容，力图达到最佳教育效果。图书馆在文献信息传递上受其社会教育的本质职能差异影响，需要在各个领域区别对待；同时，图书馆在文化生活职能中，本原则在不同读者群体间受其兴趣爱好差异而呈现出不同的服务态势。

（三）科学服务

本原则贯穿读者服务研究工作，并需要一切从实际出发，系统地、以整体观和全局思想进行统筹深化，直面问题，通过全面发展观，联系事物本身发展规律。图书馆读者服务工作相较于其他工作，与读者的关系密切、联系极深，凡是诸多矛盾的合集及其问题的产生，无一例外需要在不同读者之间建立相对密切的关系，同时直面各种矛盾。较为常见的矛盾有：供求关系、借阅和归还、借出地点差异、图书的使用和管理等之间的矛盾，同时常见的问题还包括如何分工和合作之间的矛盾。诸多矛盾的产生纵横交织、复杂多样，需综合考虑不同环境条件对读者的发展变化和制约。故此，要合理解决各种问题，创造条件解决矛盾，并以科学发展观为指导，协同图书馆各部门之间的联系，协调工作，方能在实践中有效解决矛盾。

（四）资源共享

资源共享原则的提出，主要基于图书馆在事业发展课题研究范畴的重要性。资源共享渐渐发展成读者服务工作中必须遵循的规则和常态化。此原则的提出之所以得到广泛认可，是因为它完美地平衡了资源和地域之间的关系。

现在已经营设了"世界之藏"和"地区之藏"的馆藏资源共享平台。于单一图书馆而言，资源共享不仅为自身减负奠定了基础，同时在周边图书馆之间的集群效应，使得区域图书馆之间的集群效应增大，图书馆事业发展中的社会教育水平直线上升，也为其知识宝库作用的发挥提供了理性舞台。图书馆系统化建设中的层级差异并不制约人类文明的进步，它们为人类文明贡献的高度是区域图书馆之间强强联合、资源共享的结果，该课题必须贯彻实施。

第二节　图书馆读者服务的重点及方法

一、图书馆服务的重点

（一）服务的对象

读者服务的对象是读者，也被称为文献信息用户。"读者"是一个非常广泛的社会概念，对图书馆来说，读者通常指具有利用图书馆各种资源条件的一切社会成员，包括个人集体和单位，都可以成为图书馆读者。读者既是文献信息的利用者，也是图书馆进行文献信息服务的接受者。离开了读者对文献信息的利用，也就不会产生读者服务活动。

（二）服务的基础条件

读者服务的基础是图书馆资源。它是开展读者服务的前提条件。图书馆资源含有多方面的内容，它主要指图书馆的文献资源、目录资源、建筑设备资源、专业干部资源以及其他劳动成果资源。图书馆资源有时也被专指为图书馆文献资源。在图书馆的各种资源中，文献资源和其他资源有着相互依存的关系。其中，文献资源是读者利用的主要资源，其他资源是开发利用文献资源的条件、媒介和发展结果。

在现代条件下，读者对图书馆资源的利用不仅局限于文献资源，而且包含了对图书馆其他资源的利用；不仅局限于一馆的资源，而且还可以利用不同范围的多馆资源。实现图书馆资源共享，是现代图书馆读者服务工作发展的必然趋势。图书馆的各种资源都是为了提供读者利用，为读者服务，否则就失去了存在的价值和意义。

（三）读者服务工作的管理

组织管理是读者服务工作顺利进行的有效组织保证。读者服务管理是指应用现代的科学方法和管理技术，对读者服务活动进行计划、组织、指挥、协调、控制的过程。它是对整个读者服务活动过程的管理，其实质是对读者服务系统的不断运动、发展和变化进行有目的、有意义的控制；有效地运用人力、物力、财力等基本因素，以达到实现最大限度满足社会文献信息需求的总体目标。读者服务管理是图书馆科学管理的重要组成部分，它既要遵循图书馆科学管理的总的原则，服从于图书馆系统管理，同时又自成体系，具有自己的管理特点。随着现代图书馆服务范围的不断扩大，服务内容日益增多，其影响与制约读者文献需求和阅读行为的因素也越来越多，越来越复杂。为使整个图书馆读者服务工作顺利、有序地进行，不断提高服务质量，并取得最大效益，就必须对读者服务的各个工作环节和运行过程实行科学的组织、计划、指挥、协调和控制，加强对读者服务工作的管理。

二、读者服务的方法

读者服务的方法是一个包含多项内容的系统工程，它包含着外借服务方法、阅览服务方法、复制服务方法、咨询服务方法、检索服务方法、定题服务方法、编译服务方法和情报信息服务方法等多项内容。它已经从传统的单一的外借阅览服务发展到主动提供文献信息的检索服务、情报服务和咨询服务的层次，已经使信息的提供由以整本书刊为单位发展到以主题内容、知识单元和信息代码为单位的服务。

可以认为，服务方法体系是社会历史发展的必然产物，也是自身演变的结果。20世纪50年代以来，随着科学技术的飞速发展和文献信息量的成倍增长，促进了读者服务方法的发展和完善，并逐渐适应了社会各阶层对文献信息的不同层次的需求。今天的读者服务方法已经发展成一个手段多样，又相互联系、相互补充、相互影响、层次分明的多功能、综合性的服务体系。

（一）外借服务方法

外借服务方法是一种满足读者将部分藏书借出室外自由阅读的方法，也是一项历史最为悠久、最为读者所接受的服务方法。

外借服务方法就是读者在工作人员的帮助下借出自己所需要的书刊，并在规定的期限内承担书刊的保管义务，享受使用的权利。由于外借服务方法方便读者自由阅读的需要，可以让读者自由地安排阅读的时间和空间，因此普遍受到读者的欢迎。

资料室的读者一般均为个人读者。在外借服务体制上最常见的有以下三种方法。

第一，开架借书法。这是资料室外借服务最常用的方法。使用这种方法，读者可以进入书库，直接在书架上挑选图书，然后再办理借书登记手续。这种方法的优点是读者直接面对书、刊，选择的面广，选择的机会多，同时提高了书刊的利用率，减少了拒借率。

第二，半开架借书法。资料室的各种专题报告、标准、图片、挂图的借阅经常采用这种方法。开展这种方法的程序是读者直接在陈列展出的半开架书架上挑选所需要的文献资料，由工作人员取出后再办理有关外借登记手续。这种方法的优点是文献资料易于保管。

第三，闭架借书法。读者通过查找目录找出所需书刊，填写索书单后由工作人员进库按单取出，再办理借书登记手续。资料室一般对一些内部资料、军用地图、秘密报告等采取单独封闭式的管理，借阅也需要一定的手续，并严格控制，一般不允许携出室外阅览。

资料室为了实行科学化、规范化的管理，为了维护广大读者的利益，一般都制定有关外借工作的规则，对读者外借书刊的办法、程序、一次借出的限额、期限等都有明文规定。还有一些资料室针对读者借书逾期罚款或对外单位读者的服务也制定了一些标准，收到了一定的成效。外借服务尽管有以上各种优点，但由于这一服务方式受到各种客观因素的影响，还是表现出一些局限性，例如外借服务法不能满足读者的广泛的阅读要求，外借的书刊受到归还期限、范围、册数等条件的限制等。因此，资料室一方面要最大限度地发挥外借服务的功能，另一方面要充实完善其他服务方法以弥补外借服务方法的不足。

(二)　阅览服务方法

所谓阅览服务就是资料室利用一定的空间设施和设备，在规定的时间内组织读者开展文献阅读活动的服务方式。和外借服务一样，阅览服务方法也是一项历史悠久的读者服务方法，尤其是近年来，随着各系统资料室客观环境、条件的改观，阅览服务的内涵也有了一定的充实和加强。阅览服务的主要条件是空间设施，这其中包括各种阅览室、参考室、开架书库和阅览设施。

资料室对阅览室、参考室的划分和设置，须参考本身的读者数量和结构、藏书规模、库房面积等条件来综合考虑，条件好的可划分得细些，分工更明确，条件有一定限制的就相对宽泛些。划分和设置各种不同类型的阅览室和参考室的目的，就在于能在资料室内形成相互配合、相互补充、相互联系的阅览体系，从而更好地满足各类读者的不同需要。一般来讲，资料室对阅览室的划分基本上只设置普通阅览室和参考研究室两种，其特点分别如下。

1. 普通阅览室

资料室内部的普通阅览室一般均为陈列书刊并开架服务的阅览室，这类阅览室规模较大，座位也比较多，基本上只对本单位的读者开放。读者进入阅览室的手续简单方便，可直接在室内或辅助书库的开架书架上自由取书，就近阅览。有的资料室将阅览和书库的工作结合在一起，遇到这类情况，书刊当天看不完，读者还可以借出。

这种类型的阅览室由于实行了开架借阅，各种专业书、工具书的阅览没有什么限制。更有些阅览室的工作人员在配备藏书的时候专门挑选了一些科普性、非专业性的书刊陈列其中，对于美化阅览环境，调节读者心理起着很好的作用。

由于资料室的阅览室其藏书具有很强的专业性，因此对于书刊的排架管理有一定的特殊之处，最为常见的有工具书的专门排架、检索文献的单独归类、缩微资料、视听资料的统一处理等等。工作人员应当主动地熟悉和研究有关学科知识和文献特征向专业化发展，成为专业文献的专家。

2. 参考研究室

在一些专业性较强、条件又比较优越的资料室，为了更好地开展读者服务工作，一般都设置了参考研究室。参考研究室是一种特殊类型的阅览室，它是为有关专家读者进行科研活动而专门设置的阅读研究室。它的特点是人员相对稳定，布局合理，互不干扰，藏书的专业性强、时效性明显，阅读环境优越。

由于使用参考研究室的读者一般又是资料室的重点读者，因此工作人员在选择藏书，配备核心期刊、检索文献等方面，应开展一定的先期调研和准备工作，以求达到理想的效果。

（三）复制服务方法

复制服务方法就是以复制文献为手段，向读者提供文献资料的一种服务方法。复制服务法是外借服务和阅览服务的补充和延伸，读者获取文献资料的一种新途径。

文献复制的方法很多，有手工抄写复制、键盘打字复印、静电机械复印、缩微照相复制等。目前在资料室最为常用的是静电复制和缩微复制两种。

复印目前在各资料室已经是一种比较普及的服务手段，它成本低、功效高、速度快，且使用方便。读者可以边阅读边检索、边复印。可以这样认为，静电复印机的应用使文献的传递、收藏、存贮开始进入一个新的阶段，使读者服务工作产生了新的活力。

缩微复制技术目前在一些条件较好的资料室已经开始了应用和推广，并正显示出富有活力的潜在发展趋势。目前缩微复制技术还主要用于文献的收集和保存，在阅读服务方面由于缩微阅览器的普及也出现了越来越多的缩微阅读资料。可以预计，缩微复制品由于其存贮量大、本身又容易保存的特点，正逐渐走进各类型资料室，并在收藏领域中逐渐增大比重。

（四）咨询服务方法

针对读者在课题研究中提出的问题，资料室利用各种工具书刊帮助查寻或提供有关文献知识、文献线索或文献，以个别解答的形式为读者服务的方法就是咨询服务方法。

咨询服务是近年来由于科学技术的发展和文献的激增而产生的服务方法，是衡量资料室社会地位和作用的主要标志，是积极参与社会的经济活动、科学研究、社会生活、政治活动的重要手段。在资料室的服务方法体系中，咨询服务是一项比较复杂的高水平的工作。欲高质量地完成咨询课题，不仅需要有丰富的藏书数量和合理的结构，还需要工作人员具有较高的知识结构和熟练的文献检索能力。

广大读者在科学研究、技术攻关或教学、学习过程中经常会遇到各种疑难问题需要咨询解答，这类问题多种多样，按咨询问题的内容性质可分为事实性咨询（或称知识性咨询）和专题性咨询（又称情报性咨询）两种。

事实性咨询涉及的范围相当广。譬如读者需要帮助查找某一历史事件、某一科学公式化学分子式、定律、人物或者字、词、成语的出处等。有些事实性咨询的内容比较简单，只需口头直接回答或借助于某些工具书，有些则需要多渠道检索才能找出答案。

专题性检索的内容比较复杂，涉及的文献往往也比较多，例如要求提供某一学科的主要文献资料，要求提供某一历史人物的主要背景材料等。由于专题性检索的问题一般都比较复杂，因此对一些大型的重要的课题往往都需要指派专人负责。

咨询服务的过程就是接受问题、分析问题和解决问题的过程，它主要包括：①受理咨询阶段。②调查了解阶段。③文献调研阶段。④回答咨询阶段。⑤建立咨询解答档案阶段。

（五）检索服务方法

资料工作人员针对读者的科研需要，通过一定的检索手段从众多的书目、文摘、索引等二次文献中查找出有关课题需要的文献过程就是检索服务。检索服务的实质就是文献资料的查找服务，它是科学研究活动的一个主要部分，也是最主要的前期劳动。文献检索服务由于代替科研人员查找文献，节省了读者查阅文献的精力和时间，使科研人员有可能在短时间内获取他们所需要的有关文献，因此越来越受到科研读者的重视。

和参考咨询服务一样，检索服务也是科学技术飞速发展的产物，并已经经历了手工检索、半机械化检索和计算机检索这几个阶段。目前在我国各系统的资料室手工检索仍是主要的工作手段。

文献检索的方法包括追溯法、常用法和分段法。利用追溯法的程序是根据文献末尾所附的参考文献目录，跟踪查找原始文献，扩大检索范围直至最后获得适用的资料。开展常用法的特点是需要利用所能得到的各种检索工具，全面系统地查找所需要的文献资料。将追溯法和常用法轮换使用，依靠各自的长处循环查询文献的方法就是分段法。

文献检索的过程一般为：①受理课题和分析研究课题。②选择检索工具。③确定检索的途径和标识并开展工作（检索途径又可分为内容途径、著者途径、号码途径等）。④对检索结果进行分析、整理和加工。

(六) 定题服务方法

资料室根据科研工作的需要，围绕特定的课题，对口、连续地提供各种文献资料，直至课题完成。这种综合性、高层次的服务方法就是定题服务方法。定题服务方法的特点表现在以下几个方面。

①主动性。资料室的工作人员应当随时、主动与生产和科研部门联系，了解情况选择课题，并将搜集到的各类资料及时反馈给用户。将被动的图书资料工作转为主动定期向用户提供定题、最新的文献。

②针对性。读者的课题一般涉及较多的范围，提供定题服务之前必须开展一定的调查研究。要选择关键性的课题作为工作的重点，并在以后的工作中只针对课题服务，针对课题的需求，积极提供文献资料。

③效益性。任何劳动的付出都可能获得社会的承认和成果的收益。同样，

定题服务的开展也凝聚着工作人员的辛勤劳动，提高了资料室的社会地位，在我们国家经济建设和教学、科研、国防等事业上都做出了重要的贡献，取得了可喜的经济效益和社会影响。

定题服务的工作步骤为：a. 开展课题调研活动，选准重点服务项目。b. 全面铺开，深入课题，认真做好追踪调查的服务工作。c. 配合课题同步发展，积极做好对口服务。d. 认真总结建立课题档案。

(七) 编译服务方法编译服务

编译服务是我国资料室近年来才开展起来的一项服务内容，是资料室针对社会和读者的有关需要，专门组织力量，代替读者编写外文书刊资料或进行翻译，以解决读者的语言障碍困难，扩大外围文献利用范围的一种工作。

目前在一些条件较好，工作人员业务素质比较理想的资料室，编译服务工作已经取得了一定的成果和经验。可以断言，随着社会分工的日益科学化和规范化，资料室开展的编译服务工作的社会效益和经济效益将日趋明显并为社会所重视。资料室编译外文文献有两种体例形式，一种是翻译体，一种为编译体，两者的作用有不同的侧重。

翻译体编译服务就是接受读者的委托，翻译一本书、一本期刊、一篇文章或一篇专利报告等，翻译的内容可视读者的需要或全译，或节译、摘译某个知识单元。翻译体的特点是其来源语言与目标语言完全一致，译者不附加任何中外词汇，翻译忠于原著，译文和原文内容无任何改变。

编译体编译服务是汇集若干种同类的外文文献，由编译者按照一定的学科体系，用编译者的词语来加以表述的一种方法。编译体的特点是：①其来源语言只作为目标语言的参照系，最终结果是一种经过加工整理的编译文著述。②编译者需从各种外文资料，如公开杂志、内部刊物、学术会议论文汇编、报道、述评、动态中选出有关知识单元并进行研究、整理、汇总、创造，这种连译带编，编译结合的工作比单纯的翻译体更为繁杂。③文献的前期选择和译文的完成往往需要经过多人之手。

当今世界，国与国之间的相互交往、相互引进科学技术已经十分频繁，由于数量繁多，学科交叉、语言障碍已经成为广大科技读者掌握文献的屏障。为了克服广大读者的语言障碍，使科研系统、教育战线的读者，能客观和全面地了解各国的科技事业，同时促进我国科技事业的发展，由资料室组织和开展社会化编译服务工作不仅是十分必要的，而且是切实可行的。

目前，我国资料室承接的编译服务仍是以笔译为主，翻译的成品一般都具有难度大、准确度高、要求严等特点，并强调成品的信息量和代表性。编译服务由于具有这些特点，因此需要翻译人员具有相当的外语水平、一定的专业知识、广泛的文化知识和写作能力，以及熟练的翻译技巧。目前一些专业性较强的资料室已着手组建编译服务队伍，值得借鉴。

（八）情报信息服务方法

情报信息服务方法是人类社会信息时代信息传递和信息交流过程中的一种重要的服务形式，也可以认为是资料室为读者搜集、处理、研究和提供信息的专业活动。随着知识信息在广度、深度、速度、数量等方面的激增，今天资料室的工作已从简单的借借还还上升到信息的搜集、研究与服务的水平。也可以认为：今天资料室的任务就是从浩瀚的信息中迅速准确地搜集、处理各种资料，并尽可能地将最有用的信息送到最需要的读者手中，以促进本单位、本系统业务工作的开展，这也是我们历来强调的为书找人和为人找书工作的又一次升华。

从宏观的解释来看，资料室的各种读者服务方法如借阅服务、复印服务、检索服务、编译活动等都是情报信息服务，还有两种从狭义上讲属于更高层次的情报信息服务方法——信息交流服务和信息调研服务。

（九）信息交流服务

资料室向读者提供"何人在什么部门从事何种研究"的信息，并为信息的提供者和使用者之间建立交流机会，这种服务称之为信息交流服务。科研人员在进行项目的构思或项目论证前需要全面地了解有关领域的研究现状或研究动向，往往需要进行跨区域、跨系统、跨行业的交流。资料室工作人员应当担负起这种工作，这种牵针引线的过程就是信息交流服务的实质，这种服务的作用表现为以下内容。

第一，可以向有关项目的制定者、决策者提供该项目的社会价值和经济价值，提供类似项目的研究动向和是否重复进行等信息。

第二，和项目的有关研究人员提供进行中的研究和发展的信息资料。

第三，向有关研究人员提供相关项目的研究手段、人员情况、经费方案等信息，为资源共享提供条件。

（十）信息调研服务

这是一项提供创造性再生信息的文献加工服务。它是资料室根据有关部门的需要，有目的有针对性地对有关课题进行系统的搜集、分析、整理并将研究成果以综述、研究报告、专题总结等三次文献的形式编写出来并提供给有关部门或人员进行研究或决策参考的信息服务方法。信息调研服务的特点如下。

1. 范围十分广泛

信息调研涉及经济、政治、国防、科学技术和社会发展各个方面。

2. 作用巨大

由于信息调研提供了有数据、有分析、有目的的调研材料，因此为各级领导部门制定规划、决定方针政策、进行生产部署、科研选题、产品更新换代等提供了切实的科学依据。

3. 专业水平高

信息调研是一项专业性、学术性、政策性很强的工作，要求工作人员具有较高的工作能力和专业知识水平，要求每一项调研成果都具有一定的实用价值。

第三节　图书馆读者服务的现状及问题

一、图书馆读者服务现状

(一) 提供图书资源丰富多样化

图书资源是一个图书馆的根本，图书馆图书资源的丰富性也代表了一个图书馆的实力。当前多数高校对图书馆资源非常重视，丰富图书资料，更新图书资源。不仅如此，为了弥补学校图书资源的欠缺，还开展了馆际互借服务，让学生在本校就能享受到全国图书馆的资源。而且随着近些年来网络技术的飞速发展和电子资源的层出不穷，不仅极大丰富了资源的储备量，还方便了读者进行资源查找。

全球化的进展，当下图书馆不仅能够提供中文的图书资源和文献，还让方便快捷获取外文资源成为可能。

(二) 以"读者为中心"的服务理念

当前图书馆员的角色正在从"信息守门人"向"信息领航员""知识管理员""信息专家"等方向转变。这是由服务理念的转变推进的，"以读者为中心"指导着高校图书馆发展转变。图书馆人员素质的高低是衡量读者服务的一个重要指标，据此，图书馆正在逐步地改变图书馆中无纪律、低素质工作人员的状况，走向高素质、专业化、纪律化的工作人员队伍建设。这种改变对于读者来说毫无疑问是一件好事，可以满足他们在读书时需要的各项必要服务。图书馆员作为图书馆一切活动的主体，对图书馆的发展起到非常重要的作用。尤其在如今移动互联网的环境下，图书馆未来服务转型的质量有赖于图书馆员业务水平和能力的提高，只有将自己培养成为一个在开放互动环境中可以随时随地获取新知识新技能的学习型馆员，才能不断地完善自身的知识结构，提升专业技能，才能以先进的服务理念为读者提供高品质的信息服务。

二、目前图书馆读者服务中的问题

（一）服务人员专业性的欠缺

图书馆工作人员的素质在不断地提高，但是依然没有达到专业化的水平，对于服务人员的培训有所欠缺。虽然一部分服务开始跟进，但是仍然存在大量空白需要填充。有关研究发现，在美国哥伦比亚大学图书馆系统提供的一般咨询服务、研究和情报服务、数据库服务、图书馆利用指导、残疾人服务、缩微复制和照相服务、打字服务等是由计算设施提供。斯坦福大学工程图书馆服务包括：知识管理服务、信息素质教育、参考咨询服务、课程服务、文献传递服务、学习空间的管理、技术服务。而且美国还有学科馆员的加入，让读者能够在学科知识方面也有所问[①]。

上述很多的服务是国内高校图书馆所没有的，也是在现阶段很难实现的，这不仅需要大量的财力和精力，更是对专业人员的需求，这并不是短时间内可实现的。

（二）领导对图书馆的重视不够

由于一些高校领导对图书馆工作的重要性认识不足，把图书馆工作等同于借还书工作，甚至认为这是初中生都能够胜任的工作。因此，在对图书馆投入上不足，在人事上就会比较随意，在资源调配上就会把图书馆放到最后考虑。

（三）图书馆领导层精力投入不足或素质不高

图书馆领导往往是按照学校领导的意志行事，上面既然那样认识，自然

---

① 李建明著. 高校图书馆阅读推广与服务机制构建 [M]. 北京：航空工业出版社，2019.

也就按照上面的意志行事。这样，把本来可以大有可为的事业搞成了"买书、借书和还书工作"，使得图书馆信息中心和服务中心的核心功能难以体现。

（四）图书馆内部管理不规范

由于存在大量的关系员工和问题员工，使得规范管理工作难度加大，因为牵扯到方方面面利益，从而使得管理者受到方方面面关系的制约，很难做到完全的公正与公平，最终导致管理混乱，水平低下。

第四节　新时代读者服务的创新发展

一、新时代图书馆读者的需求特点

（一）新时代读者极大的信息资源需求量

目前，我们已经进入了一个全新的大数据社会，科技的发展推动了信息化进程的加快，给人们的日常工作带来了极大的变化。实际生活中，随着人们对资讯的需求量日益增多，这种需求已从传统的图书馆中得不到满足，因此人们的阅览方式、获取途径变得更为多样化，这就导致了图书馆的阅览量逐年递减，人们把更多的精力放在了网络、电子刊物、视频浏览等途径上，使图书馆的使用率不断降低。今天，人们走进图书馆，不仅仅是需要一个安静的空间，更主要的是为了获取网络上不能获得的资讯。这就要求图书馆能够成为实现联合、合理配置藏书资源的场所。图书馆还要进一步完善网络技术配置，以满足时代发展和自身发展的需要。电子化的图书馆资源将拥有便捷化、数据化、实用性强等特征，可以更好地服务每一位图书馆读者。

（二）新时代读者要求拓展图书管理业务

随着信息数据化时代的到来，图书管理员的作用已不仅局限于帮助读者查找资料，图书馆人员的工作水平与图书馆读者的需要存在着一定的联系，从某种程度上说管理水平的高低与服务质量直接挂钩。图书管理员的认识、水平、素质是促进图书馆工作质量提升的重要因素。高质量、高水平的知识服务状态满足了广大图书馆读者的需要。例如，管理员的主要业务包括资料整理、书籍处理、读者服务，在面对使用者时，选择以更深层的学识、更合理的方式引导读者，为读者服务。除了服务于普通读者，管理员还要发挥各大图书馆交流沟通的枢纽作用，实现文献检索的互通，促进各大图书馆间的优势互补。图书馆要注重引进高水平的人才，要强化管理员的素质，培养图书馆的服务领军人。

（三）更好满足读者个性化要求

读者服务的广义是大范围服务和具体服务的总和，具体服务就是个性化服务的一种说法。个人化服务的第一步就是要尊重读者，并按照读者的要求、喜好给他们提供所需的数据资讯，最大限度地满足读者的现实需要。读者属于社会群体，上至高龄老者，下至低龄孩童，不同读者的需要大相径庭，不同读者要求的实际服务更是差别明显。鉴于读者的广泛性，图书管理要能够更好地为读者服务，通过有效的服务方式和理念来提升服务质量。图书馆读者群体具有大众化、广泛化的特点，有的读者可能需要更多的专业资料，而有的读者需要充实自己，因此具备不同的读者特性。读者是不同的，因此读者要求的服务也是不同的，针对不同的读者采取不同的服务是当下大势所趋，在现阶段个性化服务的基础上不断提升自我服务质量，才能够实现长久发展。

（四）新时代读者要求智能化服务

电子阅览时代的到来，丰富了人们的阅读方式，也促进了人们对传统阅读方式的优化和转变。互联网是目前最主要的读书形式，互联网的发展使得人们在获得资讯的同时，也表现出了多元化的特征。目前，我国图书馆的信息化和网络化利用水平相对较低，难以适应读者的需求。图书馆的服务观念与方法与新时期的读者需求不符。还有一些图书馆在工作中，把重心放在了图书的经营上，使图书利用率相对较低，没有意识到人们在传播媒介上的需求发生了改变。这也将使图书馆的资讯价值难以得到充分利用，进而失去大量受众。

二、新时代读者服务创新方向

（一）来自服务领域的工作创新

1. 开发网络资源

新时代，互联网所承载的信息资源量大大高于传统的图书馆所承载的信息量。因此，图书馆的读者服务工作可以借助于对互联网信息的资源开发。网络上浩如烟海的信息资源同样可以为图书馆所用，图书馆可以大力开发网络的信息资源，将开发网络资源与图书馆的实际情况相结合，为读者提供一个更加多样化、丰富化的信息服务平台。具体的实践措施包括建立一个囊括图书馆所有文献资料在内的、依托互联网平台的、网络信息资源集成的信息服务系统，为读者提供一体化、信息化的全程式信息服务。此外，还可以通过开发网络资源，为读者建立信息查询的超链接，为读者的信息资源搜寻需求提供更加便利的服务，使图书馆的信息服务工作更加信息化、现代化，以便使图书馆的读者服务工作更上一层楼。

2. 建立特色化服务

若要使图书馆真正做好对读者的服务工作，建立特色化服务是关键点之一，因为图书馆文献繁多，如果没有特色，就会无法引读者的目光。因此，图书馆管理人员可以根据馆内的文献建立具有特色的信息服务体系，为读者的信息搜寻工作提供极大的便利。此外，还可以建立图书馆特色藏品展览等发展体系，为读者提供更好的信息服务平台。为了更好地建立特色化服务，图书馆管理人员在开展服务工作的过程中要抛除一些不良的服务理念，例如被动服务、消极服务等，要主动、多方面服务读者，多角度满足不同读者受众的不同需求。例如，当从事教育行业的读者需要一些教育类的书籍时，相关人员可以针对性地为该读者提供符合其专业需要的书籍文献，要及时准确地对读者的需求进行反馈。这种有针对性的、及时的服务工作同样可以作为该图书馆的特色服务，因为在同等条件的同级图书馆中，读者服务工作尤其是带有特色的读者服务工作更能凸显一个图书馆的发展水平。

（二）来自服务内容的工作创新

以知识推广作为图书馆读者服务的基础内容。图书馆作为社会文化建设的基础单位，其基本的社会责任就是将知识推广到人民群众当中，使人民群众的文化素养得到提升。因此，鉴于这一基本职能，图书馆必须承担起为读者进行知识引导、知识推广的引路人的职责。扮演好提供、组织、引导、创建和提供知识服务的社会角色。以推广知识作为进行读者服务工作的基础内容，为读者做好知识服务工作，提升读者的文化素养，使读者感受到图书馆工作水平的提升，从而使图书馆的读者服务工作水平得以进一步发展，更有深度地为读者提供知识服务。此外，还可以提升对读者引导阅读的工作。提升图书馆读者服务工作水平，可以从为读者导读这一基础工作入手。在导读这一环节的工作中，图书馆管理人员有一个同读者面对面沟通的机会，这一机会的运用可以使图书馆管理人员了解到读者的需求、阅读书籍的偏好、读者年龄的大致分布等。依据所了解到的信息，图书馆管理人员可以设计一个符合读者阅读偏好的、符合读者阅读年龄的知识服务体系。

（三）来自服务理念的工作创新

任何一个图书馆都在一定程度上存有一定量的珍贵书籍或者一些孤本文献等，并且这些珍贵的书籍孤本在绝大多数人包括图书馆管理人员的理念中，是不能够也不可以对外开放阅览的，否则就会损坏文献孤本的价值。但是显而易见的是，这一实际行为同图书馆为读者服务这一理念是相冲突的，珍贵文献同读者需求之间孰轻孰重，成了非此即彼无法共存的命题。这一落后的观念显然是无法适应时代的发展的，尤其是无法适应提升读者服务工作质量的要求。因此，新时代在开展图书馆工作的过程中，就要适宜、适时地将老旧的、落伍的图书馆相关运营管理的理念进行革新，使读者切切实实地成为图书馆日常工作开展的第一核心。

对于一些珍贵的孤本文献，鉴于这些孤本文献的价值性，图书馆管理人员可以采取折中的办法，将这些孤本文献整理成电子化的信息资源，如此一来既可以使孤本文献得到保存，又不和服务读者的理念相冲突，从而将读者的需求切实摆到首位。同时，在开展读者服务工作时，图书馆管理人员还需要对读者的服务进行一定程度的革新。每个读者所需要的服务需求都是不一致的，贸然将统一的服务模板套用在每一个读者身上显然也是不合时宜的。因此，图书馆管理人员需要以个性化的服务来对待每一位读者，使每一位读者在享受图书馆的服务过程中都能感受到舒适和适宜，从而使图书馆由单一的读者服务转变为多元化的、个性化的读者服务，使图书馆的读者服务工作在新时代的背景下产生勃勃的生机。

（四）来自服务制度的创新

任何事物的发展都离不开科学合理的制度体系，我国图书馆事业的发展同样如此。就图书馆的发展而言，科学合理的制度体系是图书馆在互联网等技术冲击下，重新焕发生机的根本保障之一。唯有科学合理的制度体系，才能充分调动图书馆的文献书籍、基础设施以及工作人员等所有的资源，尽最大可能地运用这些资源，从而有效提升图书馆的读者服务工作的效率和质量。

从我国图书馆事业的发展特点来看，我国图书馆制度体系的创新可以分为以下几方面：一是图书馆的制度体系要与社会发展需求相一致，任何落后于时代发展的制度体系都会起拖累滞后的作用，图书馆制度体系的建立健全要广泛深入基层、深入社会调研，以便建立起符合时代发展的健全完善的制度体系。二是图书馆的制度体系要符合时代发展的理念。在建设社会主义现代化的过程中，党和国家对每个人都提出了爱岗敬业的要求，那么图书馆相关制度体系的建立健全自然要符合这一时代发展的基本理念的号召。要求每一位图书馆管理人员都要严格完成自己分内的工作，由个人到整体都尽职尽责地履行好应尽的职责，使图书馆的日常服务工作规范化、制度化。三是图书馆管理制度体系的完善，需要充分听取读者的意见。读者是图书馆服务的受众，对于图书馆制度体系、服务工作的好坏，读者的感受是最直观的。在建立健全制度体系、对制度体系进行创新时，相关图书馆管理人员应该充分吸取读者群众的建议和意见，并依据这些建议和意见对图书馆的制度体系予以调整完善，以便更好地为读者受众提供更优质的服务工作。

（五）来自技术方面的创新

在新时代的背景下，图书馆的发展单单依靠传统的人工操作显然已经不够，已无法满足读者的需求和繁杂工作的要求。因此，图书馆需要引进先进的现代化管理技术，借助于互联网等技术搭建起现代化的信息索引系统，为用户的查询提供更加便捷的服务工作。利用邮件、网页推广的技术将图书馆的相关信息对用户进行精准推送，使用户足不出户就能及时迅速地了解到图书馆的相关信息。此外，还可以采用视频、音频等技术将文献书籍等信息传送给读者受众。先进技术的应用将大大促进图书馆日常工作的改进，提升读者服务工作的质量和水平。

（六）来自人员素养方面的创新

图书馆可以由面向社会招聘改为面向专业院校招聘，吸收高素质的新生力量，推进图书馆管理人员专业化、素质化，进而从整体提升读者服务工作的改进。在新时代的背景下，图书馆管理人员的培养和选拔是重中之重的关键点，相对于技术、制度、理念等客观要素，管理人员作为图书馆面对群众的第一阶梯，其在读书服务工作上所承担的责任非常重要，也更加值得社会各界包括图书馆相关管理人员的重视。

三、具体创新举措

（一）服务理念创新措施

1. "广度"与"深度"并重

（1）拓展服务内涵与范围

面临信息时代读者多元化发展需求，深化服务内涵，开展多样化服务来满足读者不断变化的需求，成为公共图书馆服务创新与时俱进的基础。相对传统服务内容单一，呈现静态化的表现形式，现如今公共图书馆服务更加向多元化与个性化发展，服务内容与形式也更加专业化与高端化。服务内涵多样化主要指当今公共图书馆不仅仅满足读者基本的借阅服务，还为读者提供更加具有趣味性与公益性的活动形式。延伸服务范围指图书馆从让读者走进图书馆到图书馆走近读者，从固有的阵地服务转变为流动服务，从固有的图书馆室内服务转移到其他人群集中的单位和偏远的人群聚集地。在这些地方建立流通站和自助图书馆，提供便利的借阅服务。在延伸空间的同时还需延伸时间，设立 24 小时自助图书馆，延长开馆闭馆时间，节假日、休息日照常开放服务。组织送书下乡，图书漂流和交换服务，让图书馆拓展生长空间，更贴近于基层群众。

先进的服务理念是服务创新的基础，服务创新依赖于先进理念的引领。在保证基础服务顺利有效运行的前提下，积极创新延伸服务内涵，根据我国社会发展状态和读者复杂的变化需求，更新服务观念，深化服务手段，努力实现服务内容和方式的转变。让图书馆走向读者，从人找书转向书找人，从阵地为中心服务到图书馆流动服务、送书下乡服务、残疾读者送书上门服务等等。保持服务理念的先进性并积极扩大图书馆的开放程度，让图书馆融入读者生活圈，保证馆藏文献是读者实践的永久性物质基础前提下，提高服务效率，保持服务超越网络科技上的无可取代的优势，建设一个以服务为主要概念的图书馆时代。

（2）打造品牌服务

让用户参与到图书馆发展建设之中，市民读者参与也是图书馆服务创新的重要驱动力之一，关心读者的精神文化诉求，获取用户当前和潜在的信息，可以减少服务中的不确定性，完善用户自身体验，让服务的结果满足用户需求，提高用户的满意度。依据每个地方读者特有需求，不同地区图书馆可以打造自己的品牌服务，营造品牌文化，建立自己的地方特色创新服务。例如山东图书馆艺术类特色阅览室、杭州图书馆的文脉微澜和南图"陶风采"服务等都是极具特色的品牌服务。这种服务突出了供需理念，以群众需求为出发点，落实了服务与需求的对接，使读者图书馆文献的接受者转变为了参与者，真正实现了以读者为中心的理念，是随着社会需求不断变化而进行改变的服务创新举措。

2. "经济与文化"协调发展

（1）坚持科学发展

一般来说，经济发展与文化发展是衡量社会文明程度的重要指标，近几年来我国的公共图书馆事业在国家政策指引领导下得到了巨大的发展，取得了辉煌的成果。图书馆事业发展应遵循三个原则，一是要与经济发展水平相适应，二是要与科学教育文化事业同步发展，三要适应广大人民群众的阅读需求。读者需求是图书馆发展的根本动力，服务读者是图书馆的终极目的，要本着以人为本的理念发展壮大图书馆事业。图书馆已经成为群众不可缺少的生活方式之一。因此，发展公共图书馆事业，必须有科学的发展理念作支撑，为群众提供不同的服务需求。社会前进的脚步不曾停歇，读者需求也不断变化，因此，图书馆应坚持科学发展理念，不断对其进行创新优化，让发展理念在实践中检验，实践反馈的信息来进行理念的完善。

（2）建设地方特色文化

图书馆职能不仅仅是为读者提供借阅服务，还有着保管人类文化遗产，传承人类在实践中取得成果、文明及知识等。开展地方特色与传承国家文化的开发与实践，可以说是图书馆界理论与实践完美结合的一股清泉，它将诵读阐释经典与评价优质图书相结合，为读者带来的富有意义的阅读服务价值。不仅让读者可以感受传统古典文化的韵味，体会古色古香的经典情怀，还可以推选出当今新出版的最符合大众喜爱的，具有文化内涵与品位的现代书籍，古今结合，让读者充分跨越时光长河去品读不同时代图书的文化价值。

（二）管理创新具体举措

1. 宏观管理创新

（1）管理理念创新

图书馆管理创新是多维度、全角度的，包括模式创新、机制创新、方法创新、流程创新等。图书馆创新管理应包括两个层面，其一，管理创新是对其宏观管理模式的创新，其二，是微观管理层面上的创新。宏观管理层面是指管理理念和模式的创新，采用新的组织管理方式去处理图书馆中遇到的问题，不应局限于小的行业格局，将格局放大到其他行业，去吸收新的理念与管理方法，建设成为自身有特色的管理机构。微观管理层面是指在执行详细工作安排、执行方式上应用创新管理理念，积极调动广大馆员的参与积极性，创造和谐的工作环境与人文氛围，为图书馆服务创新高水平建设与馆员服务能力提高而努力。微观管理是宏观层面高效落实的基础，而且微观层次的表现也是宏观层面的具体体现。宏观层面的管理可以覆盖到各大图书馆，而微观层面则因馆而异，因时代变迁而不断变革。

（2）法人治理结构

在法人治理结构中，理事会制度不是具有简单的咨询顾问的作用，它是决策部门，如果试点机构取得了卓著的成果，那么就可以有效借鉴宝贵的实践经验，进而推动未曾进行改革的图书馆实现发展目标。法人治理结构是由政府、理事会和管理层三方共同所组成，建设一个权责明确，权力制衡的生态，进而激发图书馆事业的活力，提高公益事业单位的服务能力。理事会的自身定位是决策机构而不是简单的咨询机构，其是由政府代表、社会成员及图书馆人三方组成。为了保障法人治理结构的高效运行，保证图书馆事业顺利发展，需要有科学的监督机制进行监督与督促其合理运作。

（3）部门设置

公共图书馆管理机制的创新主要是指内部组织结构重新调整。图书馆为适应知识经济时代的发展要求，内部组织结构由传统文献采编、流通两个主要部门，转变为文献采访、数据库建设部门和读者服务部门这两个主要部门。采访部门是图书馆核心业务，是公共图书馆赖以生存和发展的基础，图书馆服务工作的好坏，取决于文献采访质量的优劣。读者服务部门的工作关系到图书馆服务结果优劣的关键部门，图书馆不但要提供服务和读者所需的文献资料，同样需要读者服务部门耐心热情的服务，去赢得读者的好评。

2. 微观管理

（1）建立合理激励机制

图书馆开展服务创新工作，不仅需要科学的理论方针与严格的规章制度做指导，还需要改变传统的馆员考核制度，调整比较死板的管理要求，制定一套科学的馆员激励机制，这是管理创新工作的基础。在管理制度上应该以科学发展的眼光来制定，提高制度的可执行性，给予馆员一定的发展空间，在严格的规章制度上保证人性化的管理，从而激发馆员的创造力与服务的积极性，提高图书馆服务水平。

在绩效考核管理制度方面，要在最大程度上保证馆员权益的公平性前提下，制定一套科学完备的激励措施，可以向企业学习借鉴一些经验。激励措施不但可以提高馆员的工作热情，满足工作人员的需求，还可以保持足够的荣誉感和成就感，充分挖掘管理人员的潜能。

（2）推行馆员考核制度制定

我国图书馆行业正在降低一些行业入门要求，但是服务行业仍然需要一些掌握基本行业技能的员工。图书馆在馆员招聘方面还没有制定比较严格的职业认证制度，缺乏馆员资格认证，在录用馆员方面未形成严格的用人标准。我国政府最近正在大力推进政府事业单位制度改革，如职务与职级并行，薪资待遇与职级挂钩等方针。我国公共图书馆现有工作人员分为馆员、全薪职员以及半薪职员，对入编正式馆员要采取严格的考核制度，对其专业知识及相关专业学历方面作出限制，而对辅助人员可以适当放宽硬性要求，让专业人员与辅助人员各司其职，保证公共图书馆良性、稳定、健康有序地发展。

（三）技术创新具体措施

1. 新媒体技术

在全民阅读时代，人们获取文献资料的载体方式不再拘泥于纸质文献，阅读方式已经逐步过渡到以传统方式为主，新媒介方式为辅的新阅读方式。其中手机图书馆和各种电子书阅读器备受读者喜爱，具有便捷、实时、互动和个性化特点，针对移动用户，相继推出了形式丰富的新媒体动态服务，成为大众欢迎的"口袋图书馆"。阅读活动已成为人类的一种生活方式，简单地说阅读即生活。

5G、云计算、大数据、互联网+等技术日益发展成熟，公共图书馆服务形式主要以 App 和微信公众号为主，社交营销以微博与微信平台为主。手机图书馆服务当前主要集中在馆务服务、个人服务、资源检索以及学术信息等方面。

微信服务其实也是一种客户端服务，公共图书馆微信服务范围覆盖更广，支持多人参与。它包括信息推送、自助图书馆服务、信息咨询服务以及预约功能。读者关注微信公众号即可以进行馆藏查询，绑定个人读者证可进行借阅查询、图书续借等服务项目。图书馆公众号每天可以为读者推送讲座活动信息、馆情动态、微阅读以及读者学习心得和生活百科等信息。

2. 数字图书馆服务

随着我国公共文化服务体系建设的大力推进，网络图书馆的建设也在蓬勃发展。公共图书馆将馆域网和互联网接入宽带的提升，为数字资源的快速化建设提供了网络硬件基础，也进一步保障了图书馆为读者提供数字资源能力和水平的提升，使读者对于图书馆信息化服务能力充满了信心。如今各行各业都受到了互联网的强力冲击，为了应对社会发展变化的复杂变化，图书馆界也大力研发数字资源建设，建立资源丰富的数字资源，解决图书馆传统的到馆才能享有文献资源服务的限制，满足读者对电子资源日益增长的需要，开展电子资源远程访问服务是公共图书馆构建数字化服务体系、延伸图书馆服务职能的重要途径。

目前公共图书馆数字资源建设已经成为各地图书馆的必备文献资源，但由于各馆之间沟通和融合还存在很多问题，无论从硬件设备资源建设，还是各馆数字资源开发，大部分都存在着各自为政的思想，无法合理地进行资源共享建设，造成了资源和资金的浪费，导致了相关项目人员工作量的增大。因此，公共图书馆应转变各自为政的传统观念，各馆之间大力推进资源数据库共享建设，各馆互相补充，不断完善数字资源建设。同时，不同地区图书馆要努力创建本地特色地方馆藏文献数据库，丰富特色馆藏资源，从而为我国图书馆数字资源建设做出应有的贡献。

3. 创客空间

图书馆构建创客空间是近年来形成的一种全新的服务模式。创客意为创意制造者，创客空间是为创客提供将创意转换为实践的空间环境。此空间是具有开放性的实验室和交流创作的工作室，创客们可以在此空间中尽情发挥创造性思维，人与人之间进行创新思想的碰撞，畅所欲言，一起为新点子或创意发挥各自的长处，运用相关技术设备完成创意模型，并进行展览。公共图书馆引入创客空间目的就是为了将创造性服务理念与实践相结合，发挥读者的创造性思维能力，增强图书馆服务多元化能力。我国的创客空间依据服务内容与对象的不同来分类，大致可以划分为主题型和综合型两类。其中图书馆为了专业人士和爱好者的需求，将某一专业性领域作为主题背景，在此领域建立创意服务空间，并提供相关领域的文献资料以及相关科学设备，并配备专业的服务人员进行共同探讨与指导，以此来吸引该领域专业学者或相关兴趣爱好者进入创客空间，称之为主题型"创客空间"。另一类综合型"创客空间"涵盖所有"创客"和"创客文化"相关的项目，不区分是否为专业领域的创新项目，其覆盖所有创新项目类型，不限制服务主题类型，可根据不同领域爱好者的要求设置服务项目。

4. 在线学习课程

在"互联网+"浪潮模式发展迅速的时代，我国图书馆应在这种模式环境下不断创新服务方式，顺应现代化互联网线上学习的需求，加强网络在线资源建设，建立学习网络学习平台方式丰富服务内容。因此公共图书馆应该大力发挥社会教育的职能，为满足不同读者的专业与知识需求，开设网络公益云课堂，让读者根据自己喜欢的课程来安排时间在线学习，在学习过程中，可以与授课教师进行教学知识互动与疑难问题解答。在线学习是读者用户在网络环境中，在图书馆网站上获取各类视听资源，在一个虚拟教室之中，教师在线网络授课学习的方式，读者可以任何时间、任何地点进行在线学习活动。

与传统线下学习资源相比，建设在线学习课程具有很多新颖的特色：①学习方式的虚拟化。它是通过在网上创建学习教育平台，学员使用互联网设备在线学习的一种新方式，是由在线学习社区、各种教程资源以及专业技术平台组成的网络学习环境。学员可以在线选择自己喜欢的学习内容，进行在线聆听所选课程教师的讲课。②学习时空泛在化。和数字资源在线阅读一样，在线网络课程学习也打破了时空限制，读者可以选择任意空闲的时间点任意地点，在学习平台上根据自己的兴趣爱好去学习感兴趣的课程知识。③互动讨论虚拟化。在线学习是以学习资源为特征，与传统线下学习相比，其有自主探究、互动互助，线上探讨的交流优势。学习者根据所学课程可以在线或者离线对教师提出自己所遇到的问题或者独特的见解，还可以与其他有相同兴趣爱好的人进行互动交流，讨论所学到的知识内容。

在线学习平台，学习类型资源可以包括知识学习型资源、职业技能学习、考试类别学习以及其他类型。图书馆开发在线教育课程建设过程中，可重点收集家庭生活类、工作技能、应试网站、人生规划等学科在线资料。这些资料来源一些可以通过文化讲座视频形式自建资源，也可以去其他公开课和免费学习网站上进行收集。在学习资源建设方面要考虑针对特殊群体建设数字资源，例如为老年人提供养生保健、预防疾病和简单的网络入门知识；为农民群体提供种植与养殖知识；为青少年读者提供经典动画和儿童电子读物等等。公共图书馆在信息时代要勇于跨界融合，与社会各方开展多元化合作，拓展服务内容，加强数字资源扩建，使图书馆服务更加便捷。加强与数字出版集团合作，共同协商合作过程中出现的问题，深度解决版权问题，加强信息安全，为读者提供更好的数字资源服务。

第七章　我国公共图书馆读者服务

第一节　图书馆服务体系构建

公共图书馆服务体系是社会上所有公共区域内的图书馆以合约服务精神共同行动来为全体公民创造良好的阅读环境、提供图书馆便利服务的综合。

一、我国图书馆服务体系建设标准

（一）体系化

地方层面有符合当地的公共图书馆总分馆制和所对应的公共图书馆服务体系建设标准；在国家层面有宏观的公共文化服务体系建设总体标准安排，层级分明。

（二）文化工程建设

文化工程建设包括公共电子阅览室、全国文化信息资源共享、数字图书馆推广、建设计划等三项数字文化工程和中华古籍保护计划等都得到了大力实施，相关部门和各地方已经配合补充下发了许多有关文件，这些都是基于各级公共图书馆实施的重点文化工程标准，并且是当今公共文化服务体系标准的重要组成部分。

（三）硬件设施

国家高度重视公共图书馆设施建设，除了发布行业标准外，还开始在国家标准一级建设乡镇和省级公共图书馆，明确规定了多功能建设。这些体现了相关部门对当地公共图书馆服务体系方向发展的引导，也反映了图书馆人对图书馆服务体系发展的思考与实践，它们是当前公共文化服务体系建设时代背景下图书馆服务体系的发展一个缩影。

二、图书馆服务体系建设的重点

（一）基本服务水平

其中包含七个要素：服务原则、设施运营、服务项目、信息资源、文化体育活动、培训讲座和数字科技。其中服务原则、设施运营和服务项目阐明了公共文化服务机构的服务目标、服务地点，服务时间等。信息资源、文体活动、培训研讨会、数字科技这些是特定的公共文化服务项目，它们详细介绍了相关服务项目的类型和频率。公共文化服务组织的指导性原则是指它的服务原则，服务原则从宏观角度上指导了公共文化服务组织的外部活动，在某种程度上，它有助于管理和运营公共文化服务。

（二）硬件设备水平

作为公共图书馆公共文化服务体系的基本服务保证之一，硬件设施可以概括为由三个要素组成的服务设施：图书馆，移动设施和辅助设施。其中"图书馆"确定了图书馆建筑的指标，给出了建筑面积和其他边界，提出了总体布局，规划，设计，施工和安装的基本要求。在各种建设项目的实施中明确了这些要求，为公共文化服务发展提供各种场所和设施。此外，通过使用移动设施和辅助设施等元素，提出了公共图书馆活动所需的所有设施，并阐明了设施的数量和目的。

（三）资源保护水平

资源保障是公共图书馆公共文化服务体系的第二保证，硬件设施构成了公共图书馆公共文化服务基础设施和服务资源支持系统，为公共图书馆公共文化服务的发展提供了资源和其他保障。资源保证包括两个部分：书目资源和电子资源。其中，文献资料的特点是符合读者的阅读习惯，易于存储，对保护知识产权发挥很大作用。它们通过电子资源相互补充，这些电子资源具有易于检索数据，快速传播，广泛和大量信息存储的优点，相互依存，共同形成公共文化服务的资源池，为公共图书馆文化服务体系的整体服务内容提供一定的资源保障。

（四）工作人员活动经费水平

活动经费是公共图书馆服务体系运行的第三项保障，其与资源保障、硬件设备三者共同构成了公共图书馆文化服务的三大保障。关于经费提出了经费形式、人均投资、财政比例等因素，明确了公共文化服务机构的经费来源和经费比例，工作人员活动经费为公共文化服务的政策管理提供了所需的人力资源和财政支持。在发展基础服务的过程中，资金和各种人力资源必不可少，这在很大程度上保证了公共图书馆公共文化服务的发展。

（五）监督评估水平

它包含三个关键内容：服务监管、服务规范和服务性能。服务监管在其中阐明了监管方法和反馈渠道，并设置了公共图书馆响应反馈的期限。服务规范中包含各种规章制度，明确了公共图书馆需要制定相应的规章制度，对责任管理体系进行了具体的分析。此外，服务性能使用多种指标来评估公共图书馆服务，例如满意度指标。利用以上三个因素，对公共图书馆的服务规格和服务优劣进行监督评估，最后将评估结果反馈给公共图书馆，以继续发挥公共文化服务功能。

综上所述，从基本服务的五个层次来看，在服务水平、硬件设备、资源保证、人员活动经费和监督评估中，服务是基础，资源是保证，监督和反馈是手段。各要素相互作用相互联系，形成公共图书馆的公共文化服务基本标准。

三、建设不足之处

(一) 地区间发展不平衡

如今，在我国东部发达省份图书馆建设发展较好，相关服务体系标准健全，近期国内出台的公共图书馆服务体系标准也主要集中在这些地区。在某种程度上，这客观反映了我国公共图书馆服务体系中发展基础设施，发展理念的现状差异。经济发达地区，制定图书馆服务标准的内容指标更具体，对工作人员服务质量要求更严格，对服务形式要求更新颖。相对偏远地区较少制定服务标准，而江浙沪地区、珠三角地区这样的经济发达地区，不只是省市较多区县也制定颁布了相关服务标准，并且江浙沪地区、珠三角地区所制定的图书馆服务体系标准更详尽。东南沿海地区公共图书馆服务体系的快速发展，而中西部地区则呈现停滞不前的趋势，导致我国不同地区公共图书馆发展出现不平衡状态。

(二) 体系内标准不完善

基于当前图书馆体系的发展，用于发展图书馆服务的特殊标准文件的比例还不是很高。在公共文化服务体系建设的过程中，建立公共图书馆服务体系标准呈现出更加明显的分散和局部化的形式。突出表现在标准制定时大众的参与度不高，标准执行时审查不够严格，标准实施时无法及时满足社会环境的需求。此外，不能根据社会所需及时转变自身的发展方式，宣传不到位导致缺乏大众关注。

(三) 指标中倾向不具体

当前发布的大多数标准都优先考虑公共图书馆建筑和其他硬件设施的建设，特别是中央政府加大了对建筑设施的投资，但个别地区也发布了公共图书馆服务标准和国家标准，但总体而言，公共图书馆服务标准是相对宏观的，这种机制现在是不详尽，不具体的。评估公共图书馆服务效率的方法尚不完善，评估方法不够科学，评估也不清楚。而且，我国公共图书馆服务体系的标准还缺少一些重要的标准，特别是核心标准，即缺乏公共图书馆的专门法律，我国大多数现有的图书馆标准都是规章制度。

（四）战略上视野不长远

纵观目前颁布的各种标准，其中大多数是基于国家当前时间段的短期目标。当前的标准更加注重改善图书馆的状况，但对于图书馆服务以及科学发展相关的推动方案还比较缺乏。同时，目前图书馆服务体系标准侧重于从解决一些未解决的问题入手，例如自由开放和设施建设。对于服务和科学发展的积极规定缺乏长期发展的规划，战略建设还存在不足。

四、服务体系标准化建设策略

长期以来，我国图书馆界努力探索图书馆的发展道路，在公共图书馆体系建设方面进行了实践探索。各地都在努力探索各自的图书馆发展道路，因地制宜、形式多样的图书馆服务和管理模式探索相继出现，流动图书馆、图书馆之城、联合图书馆、城乡一体化模式、总分馆模式等多种公共图书馆服务体系建设模式各具特色，并存发展。图书馆服务体系化建设初具规模，而体系化发展亟待标准保障。

图书馆体系化建设是我国图书馆发展的必然趋势。图书馆服务体系发展以资源共享、服务协同、平台共建等工作为基础，标准化是有效保障图书馆之间以及图书馆与其他信息服务机构之间有效合作与沟通的重要途径。只有通过执行各种标准才能够提升图书馆服务体系的一体化程度，将服务体系内的各项业务活动有机整合，发挥整体优势，提升图书馆服务体系的服务效能。标准化是图书馆服务体系发展的内在要求与现实需要。

（一）构建科学合理的标准体系

制定图书馆服务体系标准，除了要充分结合国家宏观发展形势，还要立足于图书馆所呈现的业务特点和各个地区的实际发展情况。为了建立符合科学规律的标准化工作，我国政策指标需要持续完善。行业标准是图书馆服务体系开发的规范，它们不仅反映了行业的特征，而且也考虑到了不同类型图书馆的特性。地方标准应当以国家和行业标准为指导，立足于各地发展实际，有针对性地进行标准调整制定。

从水平的角度来看，应该包括硬件设施、书籍档案、服务内容、管理运营，以及人才配置等。从垂直角度看来，主要表现为国家、行业以及区域标准。国家标准是为了维护基础知识和促进平等的标准，这些是行业和区域标准指南和参考。

（二）建立持续更新的修订制度

一个标准的制定是一个持续修订完善、按部就班的过程。同时社会高速发展也会使得机遇和挑战并存。我国公共图书馆服务体系标准需要不断修订和更新，从而不断加强标准的可行性，确保标准能够在长时间内发挥应有的功能，促进图书馆服务体系持续发展。标准修订制度不能安于现状，要形成定期更新图书馆服务标准的制度，以尽可能充分地发挥图书馆服务体系的价值，同时对标准内容进行及时调整更新，使其满足社会发展的新需求。地方标准化工作应以当地的发展现状为依据第一时间修订相关的服务标准并及时出台实施，以实现更好地指导社会现实的目的。

（三）加强服务效能的标准化

打造普遍、均等的公共图书馆服务体系，就必须在根据当地情况实行不同类型图书馆服务的同时，形成一致的机构标志，共同的业务标准和相似的借阅制度，以彰显出公共图书馆服务体系的整体形象和服务功能。当前，公共图书馆服务标准中，指标严格的部分主要体现在规定了硬件和资源等方面，但是在规定服务的方面仅提供了服务内容，很少有体现服务效能的指标。只有明确服务效率的定量指标，才有机会坚定服务工作前行的目标和方向，实现公共图书馆的多样性，因此，除了对图书馆服务内容和方法进行标准化之外，服务标准对各种服务的质量，完成进度和结果都应该标准化。

（四）推进公共图书馆专项服务标准

随着图书馆业务取得不断发展，社会职能也不断丰富，大众对公共图书馆举办讲座、展览、培训等文化活动的需求也越来越强烈。因此，迫切需要制定翔实科学的标准来规范活动事项，为活动要求、活动形式以及活动内容等提供可参考的标准。不仅如此，公共图书馆业务工作统计和评估一样离不开明确的规范标准。针对公共图书馆制定实施专项服务或业务的具体标准，并提高标准在不同类型、区域内的普遍适用性，强化公共图书馆对服务效应的重视程度，为高质量实现对图书馆服务的评估奠定基础。

建立公共图书馆服务体系标准能够充分确保政策标准涵盖业务活动的各个环节，为其提供相应的保障。从体系建设角度来看，科学完善的公共图书馆服务标准必须具备科学合理的法律法规、规章制度以及标准规范等内容。

（五）积极完善政策与法规

在《公共图书馆法》颁布之后，我国的公共文化服务进入了合法化的新阶段。公众的需求在不断贴合社会实际变化，立法机构也在对法律进行持续更改和完善。尽管如此，公共图书馆服务体系的标准化仍然有些滞后，我国的公共图书馆运作仍然是以政府为主要执行主体，尚未形成完全公平开放的环境，这在一定程度上限制了公共图书馆的创新。公共图书馆治理需要成为一个由多方参与的协作状态。

决策、执行和监督必须各自独立，以合理的指标来区分政府权力及其责任范围，顺应时代发展之需，通过法律制度来规范公共图书馆行业的高质量发展。高级政策文件应侧重于宏观的指导，地方政策文件应侧重于对具体项目实施的指导，及其效能评估等，以更好地推动公共图书馆服务体系标准建设。同时，必须建立并完成一套可行的图书馆管理规章和服务规则，图书馆应严格遵循规则，并按照规则办事。在图书馆服务体系趋于完善的背景下，对于图书馆服务法治化约束的要求也在不断提高，因此制定完善的法律法规对服务质量的提高有着不可忽视的作用。

强化制度保障，也就是要推进文化相关立法，形成科学完整的法律制度保障。满足公众信息文化需求，不仅依赖于公民的自觉行为，更需要标准化公共文化服务体系提供保障制度，使得公共图书馆的服务有法可依。此外，需要制定优先级优惠福利政策以推动图书馆运营。结合标准化经营发展需要，应当有针对性地给出实施意见等，依法监督公共图书馆业务发展，为标准化工作稳步开展提供保障，注重发挥领导和制衡的作用。

第二节　图书馆读者精准服务

精准服务的理念源于营销学中的精准营销，其目的是准确地定位和发现用户需求，将用户最需要的产品推到面前。这一理念融入图书馆发展始于2018年，公共图书馆精准服务是指公共图书馆基于普适化服务的稳步发展和读者的差异化需求而开展的有针对性的服务，它具有资源配置合理、服务的针对性和专业性强的特点。对于图书馆而言，精准服务是指图书馆在普适化服务的基础上，以满足读者个性化需求开展的针对性的服务，具有准确性、及时性、科学性等特点。图书馆精准服务是提升其服务效能和广大人民群众对公共服务需求满意度的有效途径。

要加强公共图书馆精准服务水平，优化公共文化服务资源配置，着力解决公共文化服务发展不平衡和不足问题，更加灵活精准地为读者提供公共文化服务。近年来，公共图书馆文化服务模式也在逐渐转变中。在图书馆变革的过程中，服务要由简单、粗放向深入、细致过渡，实现精细化服务。

一、图书馆精准服务的特征

（一）全方位服务

现代图书馆通过运用大数据技术对海量有价值的数据进行高度整合，建立一个能够让用户在海量的信息中获取所需信息的资源共享平台，提升用户在获取数据信息时的效率，进而实现服务场所泛在化和服务空间的虚拟化，为用户随时随地提供知识产品。

（二）智能化服务

现代图书馆进行智能化服务是把智能化技术、智能化的设备与图书馆场馆相结合，通过定位服务、无线射频识别技术、自动化控制和感应技术，实现智慧图书馆的基础建设和管理。借助这些先进的技术和智能设备，可以显著提升图书馆的服务集成化程度。

（三）个性化服务

图书馆智慧化改造其中一个重要目的就是要解决如何满足用户个性化需求的问题。传统的图书馆信息量大，信息涉及面广，读者要在海量的信息资源中寻找需要的信息，图书馆也属于被动式为读者提供服务。智慧图书馆的服务将化被动为主动，将文献计量学分析工具、读者服务数据等内嵌于智慧服务平台中，读者可以与图书馆互联获取定制化的信息资源、趋势预测、热点发现、展览讲解等服务。将传统的信息推送服务转化为需求索引的知识服务，提升用户满意度。

二、精准服务的发展困境及原因

（一）精准服务的发展困境

1. 对用户的分析不够全面客观

在对用户画像时，图书馆通常依赖于用户在使用图书馆资源或服务过程中表现的状态或行为。然而，每个用户都是独一无二和复杂多面的，不同类型的用户即使呈现相同的状态，其提出的问题也可能不同。因此，对用户本质特征与认知水平的忽视严重影响用户画像的精准度。此外，用户的认知水平、兴趣爱好、情感情绪、心理状态等特征往往是动态的、复杂的和多元的，而在当前智慧图书馆服务系统或平台中，用户特征通常是通过分析个人注册信息或传统的问卷或访谈等形式进行获取。

这些方法虽有一定的参考作用，但往往不够客观，也不适合所有的用户类型，而通过动态的用户行为数据、基于用户模型进行测量分析的方法，在智慧图书馆服务系统或平台中还未得到广泛应用，因此，当前图书馆服务中用户画像仍然具有一定的片面性和主观性，进而影响图书馆对用户问题把握的准确度。

2. 对根源问题的挖掘不够深入

在当前图书馆精准服务理论研究与实践应用中，研究者一般是将传统服务中存在的问题具象化，而后直接进行服务映射。例如，发现移动图书馆用户流失即提供资源推送、宣传推广、系统升级等服务；发现用户借阅的书刊即将超期采取发送短信、借阅期限可视化进度等方式进行提醒等。这种服务方式强调解决用户面临的表象问题，而无法把握用户真正的需求或关注到用户面临的根本问题。当用户暴露出问题时，究其根本原因才能有的放矢，因时制宜。例如，分析显示用户对图书馆推荐的资源不感兴趣，可能是用户的情感或兴趣所致，还可能是图书馆服务提供的方式让用户难以接受等。只有深入挖掘用户使用图书馆资源和服务的发生机制，并准确掌握表象问题下的实质，才能针对性地匹配图书馆资源和服务，帮助用户高效解决问题。

3. 对服务策略的设计不够精细

在图书馆服务实践过程中，服务策略的选择通常仅停留在理论层面，信息技术及用户分析模型的局限性使得图书馆的精准服务难以真正得到实施。

同时，精准服务在实践中往往被作为一种高端的、独立的、定制的服务策略，即面向重点用户的需求，分析他们存在的问题，并将匹配后的资源和服务直接进行推送，而对服务策略的细节或属性（如服务实施的对象、时机、频率、深度等）并未进行精确的开发或设计。这必然对服务的精准度造成影响。

例如，在服务对象方面，智慧图书馆服务平台中多是面向用户个体的服务，而针对用户整体、群体或小组的服务却严重不足；在服务时机方面，实时提供的服务大多是未经深入思考的，而经过整合提炼的服务往往又对用户失去时效性，由于无法真实深入地了解用户需求，因此服务时机也很难把握；在服务频率方面，应随着问题程度的不同而有所变化，服务过于频繁会增加用户的负荷，而服务频率过低则会影响图书馆的服务效能；在服务深度方面，智慧图书馆服务平台默认越了解图书馆的用户越需要图书馆的深度服务，因此，那些图书馆新用户往往得不到更深入的服务，进而造成服务的不均衡不平等，影响服务效果。

4. 对研究与实践的支撑不够充分

当前，图书馆精准服务研究与实践往往忽视了精准服务实施后的效果验证及服务的优化升级。例如，实证研究过程中，研究者通常开发设计各种各样的精准服务策略，而在检验服务策略的实施效果时，仅强调整体服务效果的提升，而对每种不同精准服务策略的有效性缺乏详尽分析，进而得出"精准服务的效果较图书馆传统服务有明显提升"这类常识性结论。显然，这无法有效支持图书馆对资源和服务的精准匹配。同时，当前研究成果中精准服务的对象多限定在某种类型的用户群体，且服务的人群数量不足，其研究结论的科学性、准确性和可复制性受到影响。此外，还有学者提出，精准服务可能对用户造成一定的压力，因此，精准服务实施后的用户回访必不可少，用户接受度、满意度、复用率等也应作为效果验证的重要部分。

（二）精准服务发展困境的原因

1. 供给服务市场化参与程度低加剧了服务的供不应求

政府作为三大公共数字文化工程的供给主体，数字化资源总量和类型不足，供给能力还有待提升，主要原因在于在服务供给过程中市场化参与程度较低，继而加剧了服务的供不应求。

一方面，以公共财政资源作为主要筹资渠道，缺乏其他的筹资路径。尽管每年公共文化服务领域的财政预算不断攀升，然而整体的金额相对于公共文化服务的需求来说仍然是杯水车薪，尤其是在当前公众对数字化信息服务供给的需求倍增后，仅是相对以往有所增加的财政资源完全不足以支撑公共文化服务主体的系统数字化改造以及设备更新。鉴于社会力量未能充分参与到公共图书馆等公共文化服务机构的资金供给上，因此相关经费的使用仍然是捉襟见肘，仅仅是维护运营就已经压力巨大。另一方面，在社会力量参与不足的情况下，我国的公共文化信息化资源类型比较少、体量也比较少，导致读者从公共图书馆中能够获得的服务类型也非常单调。最后，当前我国公共图书馆当中能够满足数字化需求的、兼具信息技术与图书馆管理理论的复合型人才明显稀缺，而能够将公共图书馆服务与大数据分析、统计学结合在一起的高端复合型人才更是凤毛麟角，导致公共图书馆服务精准化缺乏人才支撑。

2. 不完善的需求采集机制导致了供需服务不匹配

科学完善的需求信息收集制度，是确保公共图书馆服务精准化建设的基础。需求采集机制涵盖了信息资源的判断、收集以及分析、研判最终到决策以及收集反馈与评价、调整的闭环，在这个流程闭环当中，每一个步骤都非常关键。

唯有准确收集和研判读者的公共文化服务需求，才能够有针对性地提供公共文化服务，实现对公众日益个性化、聚集化、阶梯化的文化服务需求。

尽管目前互联网背景下，信息采集以及大数据分析都能够有效规避传统图书馆运行机制在决策上的弊病，然而大多数情况下，我国公共图书馆都难以很好地使用互联网平台实现需求信息的收集、整理以及研判，且研判技术事实上和理想水平仍然有很大距离。尤其是在西部欠发达地区的乡镇图书馆，很少能够通过官方网站、微信、微博以及抖音等现代化平台收集公众的文化需求，导致文化服务供给与公众需求还有不小的差距。

3. 精准服务意识薄弱导致新媒体平台投入不足

随着移动互联网的迅速发展，图书馆应适应网络技术发展的要求做出相应改变。但是据笔者调查了解，大部分图书馆没有设置专门的经费投入，主要是因为图书馆获得资金匮乏或是资金主要投入在硬件设施建设上。大部分市级或以上的图书馆建立了优秀的人才队伍来运管图书馆自媒体，但大多数区级或高校图书馆仍然缺乏专门团队，信息发布等都是兼职人员完成，所以自媒体公众号"失语"的情况时有发生，更莫说能及时与咨询答疑，与读者双向互动。运营经费有限，专业人才少，运营效果自然不佳。

我国图书馆作为提供公共服务的主要主体，存在精准服务意识薄弱、服务推广精准性不强问题，特别是没有从公共数字文化品牌的层面去进行推广，使得公共数字文化服务总体成效较低。相对而言，西方国家在开展公共数字文化服务项目上的精准性较强，他们注重从用户需求的角度去提供服务和开展活动，比如美国大型公共数字文化项目对目标群体具有明显的针对性，重视培育新媒体服务团队和满足用户的体验感，注重通过创新服务来提高用户满意度。反观我国大部分的图书馆，新媒体服务平台更新较慢，图书馆的相关新闻和馆藏动态更新频率不高，难以达到吸引读者的目的，也会影响读者的体验感受，大大影响了精准服务的效果。

三、发展措施

(一) 地域精准服务

从经济层面讲，地区分为发达地区和不发达地区，以文献支持为例，发达地区精准服务需要思想、娱乐、教育类 App 推送功能等方面的文献。例如上海市图书馆，为了解用户的实际需求，把握需求的层次和关注的重点，以用户需求为导向开展精准服务，自 2015 年起，上海市图书馆就为某体育科研院所提供专项图书馆建设服务。同时，积极将行业热点、前沿内容推送给用户，从而缩短科研时差，形成良性互动。相对而言，不发达地区的文献需求以促进经济发展为主。甘肃省图书馆和广西壮族自治区图书馆结合乡村文化精准服务开展农业技能学习交流、文化服务培训和农业知识讲座，受到农民的欢迎。还向农户提供各类农产品的价格信息和供求信息，定期推介具有地方特色优势的农作物和主导产品，引导农户按照市场经济配置资源，并以结对帮扶、产业扶持等方式促进当地经济发展。

从文化方面来看，图书馆多以地方特色文献提供精准服务。建设特色地方文献资源体系，可以通过网站、微信公共平台、App 等渠道为读者提供丰富多彩的数字资源，扩大服务范围。图书馆要利用信息技术加强区域文化资源整合，不断探索区域文化资源供给与特色服务的内在结合，通过相关实践有效提升精准服务质量。

(二) 学科精准服务

在中国，学科馆员制度始于清华大学。此后，北京大学、南京大学等 60 多所高校图书馆相继开展学科服务。经过多年的实践，学科服务在高校图书馆取得了一定的成效，但在公共图书馆却只有国家图书馆、上海图书馆、天津图书馆、辽宁图书馆、湖北图书馆和浙江图书馆等建立了学科馆员制度。不同的服务对象有不同的服务内容，服务的深度和广度也有很大的不同。在大的环境下，只有学科精准服务才能满足大用户在决策、科研、生产、学习等方面的不同需求。

此外，满足读者需求也包含依据岗位职能开展的精准服务。以上海图书馆为例，上海图书馆有13名学科馆员，利用科技工程馆藏资料为企业提供专业信息服务。建立行业信息平台，为大中小企业提供信息服务，为政府经济决策提供信息服务。浙江图书馆为大型企业提供专利专项服务。辽宁图书馆的学科馆员，有针对性地提供信息咨询、决策服务、会议服务、文献提供、用户培训和法律服务等学科精准服务。学科精准服务依赖于馆员的综合素质和岗位职能，如总服务台的定期定量分析反馈信息，点对点的精准服务，进而建立知识共享、信息共享、协同一体的运行机制。

（三）新技术精准服务

公共图书馆进行智慧化转型期间，创新了诸多新技术的精准服务模式，例如利用微信平台开展图书馆精准学科跨平台融合服务，推进精准化构建、大数据挖掘、人工智能技术、云计算技术等创新服务，使图书馆服务模式向多元化、专业化、智能化方向发展。

（四）完善图书馆精准服务评价体系

政府应加强绩效考评和监督管理。对于各个公共文化职能部门，政府文化主管部门会和相关专业评估机构应在充分征求相关基层群众的意见下，对其参与公共文化服务项目和服务效能进行相关的绩效评估。社会效益是相关绩效评估的重要依据，而评价结果是日后政府购买公共文化服务以及奖惩的重要参考。应鼓励群众或相关组织对公共服务的提供者进行监督，对于不合理甚至违法行为向有关主管部门投诉、举报，加强绩效考评及完善监督机制。鉴于文件当中对图书馆员参与决策的积极和主动有所要求，可以参考智库或是社会研究机构的管理方式，将决策咨询的完成结果以及服务效果纳入馆员的工作考核评价内容当中，甚至可以直接和职称评定以及岗位晋升挂钩。针对一些能够在核心期刊或是被人大复印资料收录的决策咨询成果，在绩效考核当中可获得比较显著的优势。

（五）优化公共服务资源供给模式

公共文化服务要实现精准供给，就要确保资源的充足和合理利用，特别是在数字化资源利用方面。扩大资源数量是保证精准供给实现的基础，对此，政府应对传统的单一供给模式进行创新，建立以政府力量为主体、社会力量为辅助的多样化供给机制，对当前的公共文化服务模式进行创新优化。政府应加大财政对公共文化精准服务的支持力度，结合各级政府基本公共文化服务支出责任的合理划分，规划安排公共文化精准供给各个环节所必需的资金。更应以加强政府对数字化人才的培育及引入机制，完善公共文化服务精准化相关的法律法规，致力推动公共文化部门的跨界合作，加强绩效考评和监督管理等手段来优化公共服务数字化资源的供给模式，以提高精准服务的效果。提高社会力量参与度，延长"服务链"。

（六）强化基于馆内设施的精准服务

读者在咨询和阅读过程中遇到的任何问题，都可能影响他们对公共图书馆服务质量的评价。而图书馆精准服务的开始，首先必须从完善图书馆内的精准服务开始。采编工作是决定馆藏质量的重要一环。现今常用的采访方式不仅信息来源有限，还带有采访人员的主观因素。一般是通过出版社、网络、书商目录和读者提交的荐购书目小数据等渠道获得，对读者真实的需求缺乏准确分类和全面分析。值得欣喜的是在信息技术的带动下，数字图书馆的集成系统以及用户互动，让各类系统都能够实现全方位、多元化途径的信息采集。图书馆能够通过大数据系统来研判读者的操作轨迹，通过操作轨迹数据能够更精确地了解相关馆藏采购的方向，通过采购向更多的用户提供最具个性化的文化服务。这种借阅、数据采集、调整馆藏的精准运营方法，不但能够有效改善公共图书馆的服务水平，也能够进一步优化图书馆的馆藏受欢迎程度，从而真正改善馆藏图书的流通借出率，不管是从馆藏仓库的空间利用上还是采购预算上都能够有效优化。

当前大多数公共图书馆还是按照图书采购的时间来流水作业，一本书籍从采购结束到上架最短也需要近一个月的时间，这对于一些比较受欢迎的书籍、近期较为流行的书籍来说，显然不是提升流通率的好办法。而根据大数据来研判读者的借阅、搜索热点就能够判断什么书籍是读者最为渴求、近期又最热门的，图书馆就可以加急编目，从而缩短上架时间。通过读者的行为轨迹来调整书目编排的根据，本身也就是精准服务的体现，它体现了图书馆对读者最迫切需求的精准满足。

通过精准服务，可以逐步提高图书馆馆藏利用率，满足读者需求，扩大服务受众面，为构建文化服务精准化体系做基础。图书馆要积极承担文化建设的责任担当，利用自身优势、丰富的文献信息资源，以及齐全的信息基础设施和网络平台，创新服务方式，深化精准服务，推动公共文化事业高质量发展。

第三节　图书馆特色服务

一、图书馆特色服务概述

(一) 内涵

特色服务原属于管理学概念，是对服务特性的一种特有描述，是一种具有独特魅力的服务。是服务企业在长期的营销活动中，结合所提供服务的特点、人文地理环境和顾客的需求，而有目的地形成一种与众不同的服务风格。在图书馆领域内，特色服务含义有三种不同理解：其一，特色服务是本馆"独家经营"的服务，即"人无我有"；其二，特色服务是图书馆界"众家经营"中的优质服务,即"人有我优";其三,特色服务是图书馆系统化建设的综合表现,是建立在"人无我有,人有我全,人全我优"的竞争基础上,在传统服务基础上开创的新的服务项目、服务方式和服务理念,是图书馆服务形式、服务内容、服务效果完美统一的产物,具有独特性、针对性、创新性和多样性的特点。

因此,可以这样来理解特色服务:凡以某种特色藏书、某种特色服务形式和某一特定读者群为专门服务对象的服务就是图书馆特色服务。从根本上讲,图书馆特色服务的目的就是以"服务读者"这一宗旨为前提,以本馆的一切资源为基础,为读者提供系统的、有针对性的、富有成效的服务。由于各个图书馆在规模、地域、性质、任务、职能和服务对象等方面的差异,特色服务没有固定的服务模式,但有其共性特征,那就是因馆制宜,结合实际,多方面、全方位围绕特色馆藏,为特定读者开展特色服务工作。

图书馆特色服务的主要宗旨是突出自身的资源、服务优势,在为读者服务中收到特殊的效果。要求图书馆馆藏资源、服务方式及手段上有别于以往的图书馆,以针对性强、专业化程度高、优势突出等特点,在为用户服务中发挥特殊的作用。

图书馆之所以能够得以长效地、可持续性地发展,就是图书馆在服务中保持特色的结果。如果没有特色服务理念、特色服务方式和特色服务内容,就不可能开展各种新颖的特色服务项目。特色服务本身同时又具有区别于其他公共图书馆的服务方式。就公共图书馆而言,其基本服务对象已经不再是单独的"特殊服务"能够满足的,只能完善传统服务,集中优势深化某些项目,使其具有形式活跃,内容丰富,效果显著,优于同行的特色。而就高校图书馆而言,即使开展的服务内容在国内外非"独家经营"十分普遍,但是如果在服务中采取了极其独特的服务形式,取得"方便读者、节省时间、服务高效、广受欢迎"的特殊效果,也可以体现出特色服务的效应。

（二）图书馆特色服务的发展背景

我国图书馆特色服务工作始于 20 世纪 80 年代中后期，主要产生于各级社区基层图书馆，至 20 世纪 90 年代中期，已经形成各自不同的模式，并在不同程度上为社会认可。图书馆作为文化机构，在计划经济年代，其所有资金来源完全依靠国家财政拨款或主管部门行政投入。图书馆的规模、内容、服务也听从统一安排，服务形式呆板，结果是千篇一律，社会影响有限，地位低下。随着经济体制改革的不断深化，图书馆普遍陷入困境，举步维艰，迫使广大图书馆工作者积极探索图书馆发展道路，对面临的各种困难进行认真思考，比较分析，最后找到一条扬长避短的发展新路，把"以特色求生存，以特色求发展"作为图书馆发展方针，走一条特色至上的发展之路。所谓的图书馆特色服务就是图书馆根据自身的资源优势，在做好传统服务工作的基础上，瞄准一种或多种社会需求开展专深型的服务，从而形成图书馆读者、用户服务的主要阵地。它适应市场需要，充分满足特定用户的需求，是图书馆事业发展的一种必然选择。

（三）图书馆特色服务的重要性

开展特色服务是各类型图书馆生存和发展的必然。随着全球信息化进程的加速，各类型图书馆面临着许多机遇和挑战。图书馆只有办出特色，才能使自身在未来的信息社会中立于不败之地。

21 世纪是人才、人力资源发挥优势的世纪。随着科学技术的不断进步和社会的不断发展，人们对各种知识、各种信息的需求越来越强烈，知识信息在社会发展中已成为重要的战略资源，尤其是信息产业、信息咨询业迅速崛起和不断壮大。面对多样化需求，各类型图书馆如果不采取多样化的主动服务措施，满足特色需求，将会在信息产业的竞争中没有一席之地。构建图书馆的特色服务可以使图书馆的信息服务变被动为主动，变静态为动态，使图书馆员转变服务职能，从"坐着等"到"动着做"，从而以实际的服务效果来树立图书馆馆员和图书馆的良好形象。

1. 特色服务是经济社会全球化发展的必然要求

全球化是以经济全球化为核心，包括通信、旅游及生态的全球化为基本内容，而以文化及社会、政治影响为直接后果的一种社会变化趋势，它揭示的是全球不分贫富、不分种族、不分信仰、不分国界、日益密切的相互依存状态。全球化的提出，标志着地球上人类作为这个整体的相互依存已经达到前所未有的新水平。经济和文化的全球化，更需要特色经济、特色文化，需要服务于特色经济和特色文化的图书馆特色服务，这是时代赋予图书馆的使命。随着改革开放的深入，我国在许多领域都开始与国际接轨，而通信和传播技术的发展，特别是互联网的快速发展，使不同地域的信息传播越来越便捷，加快了国与国之间在经济、文化、技术等领域的交流与合作。因此，面对全球化趋势，我国图书馆既要融入世界，又要保持独特的个性。只有不同国家、不同民族最具特色的传统、民俗与文化才能真正走向世界这一理念已经达成了共识。

2. 特色服务是网络环境形成的现实需要

高新技术的发展，网络环境的变化，数字图书馆的崛起，信息市场的形成和信息咨询的兴起，使图书馆管理的外部环境和内部环境都发生了急剧的变化。在文化传播载体数字化和传播方式多元化的影响下，图书馆的网络化建设有了长足的发展。网络环境对图书馆的服务提出了更高的要求，由于图书馆用户不再受地域、空间和时间的限制，用户更愿意访问那些信息量大、能满足其需要、服务方便的图书馆。众所周知，随着数字图书馆的出现，图书馆网络的形成，各类型图书馆必须以自身的特色资源及特色服务，拥有自己的"网页"藏书范围才能跻身信息海洋中。面对这种形势，图书馆就必须提供特色服务，做到"人无我有、人有我优、人优我特"。否则，会落到无人问津的尴尬结局，失去存在的价值。因此，图书馆要立足于网络时代，特色化服务势在必行。如果说，传统图书馆对图书馆特色化要求不够迫切的话，那么网络环境下图书馆特色化服务建设就显得尤为重要和迫切，因为特色服务是网络环境下图书馆的生命线，不能提供特色服务的图书馆在网络环境下将失去生存的意义。

3. 特色服务是用户需求变化的必然要求

在网络环境下，图书馆的服务对象范围不断扩大，读者需求出现了新的变化，呈现出多元化、个性化、专门化的趋势，读者不再满足于获得某一信息载体，而是更需要图书馆提供某一方面的具体知识单元内容。所需信息的形式由原来单纯的文字信息需求，扩展为集文字、图像、声音于一体的多媒体形式信息需求，对网络信息资源的要求日益强烈。面对用户需求的新变化，图书馆应主动提供质量高、及时准确、专业性强、知识超前的信息服务，这才是充分发挥馆藏文献信息和数据库信息资源作用的主要途径和关键。因此，图书馆立足于网络时代，开展特色服务势在必行。

4. 特色服务是图书馆自身发展的内在要求

随着信息社会的发展及信息资源共享趋势的加强，用户不仅对信息的需求量增大，对信息的需求层次也趋于深化。在这一需求背景下，涌现出了多种信息提供者，各种信息产品呈现在用户的面前。图书馆如何在市场化竞争中体现自己的优势，成为各馆思考的重要问题。建设特色馆藏，提供特色服务能更好地解决这一问题。由于各馆在地域、类型和读者对象等方面的不同侧重使各馆或多或少拥有自己的馆藏特色，这些独有的或者相比之下更为丰富的馆藏，正是读者希望共享的信息资源。因此，图书馆可以充分利用自己的科研和技术优势，将特色馆藏进行系统化、有序化加工整理和深层次挖掘，做成新颖独特的信息产品，形成自己的馆藏品牌，开展特色服务，如广东金融学院图书馆的"货币金融博物馆"、河北农业大学的"枣研究数字化平台"、茂名学院图书馆的"化学化工专题数据库"，等等。这些图书馆无论在馆舍、藏书量、人员、技术等方面都无法与大馆相比，但它们都有自己独特的馆藏，凭借着这个优势向读者提供特色服务，既彰显了自身的优势，也成为图书馆进一步发展的基石。

综上所述，图书馆特色服务之路是适应经济发展的需要，是各类型图书馆生存和发展的需要，是图书馆信息网络化建设及文献资源合理布局的需要。因此可以说，特色服务是图书馆寻求发展新路的必然产物。只有走提供特色服务的道路，图书馆才能充满发展活力，才有能力参与到社会的信息服务市场竞争中来。特色服务是图书馆服务方式自身不断进步、演化的必然结果，是图书馆服务发展的必然趋势。

二、图书馆特色服务的发展策略

(一) 创新服务理念

1. 跨界融合的共赢理念

当下的读者需求多样化的公共文化服务，然而仅依靠传统综合图书馆并不能提供丰富的文化产品。公共图书馆主题馆的建设要树立跨界融合的共赢理念。公共图书馆与其他公共服务机构合作，重组不同系统或行业的资源，进行创新性服务，扩大合作双方的社会影响力，是使合作双方共赢的途径。

图书馆在主题馆的主题选择上可以实现跨界，跨界的内容丰富多样，包括艺术、科技、生活、传统文化等类别，而且图书馆跨界的范围不仅是行业，还有体制障碍、服务范围等。如杭州图书馆少儿分馆是由杭州图书馆和杭州少年儿童图书馆在公共文化服务体系内进行融合而来的，跨了不同的业务系统进行资源和服务整合。

2. 开放共建共享思维

"开放、共享、共赢"的平台思维，可以运到图书馆领域中。平台之上，可以成就单个力量无法完成之事。图书馆主题馆打造主题文献信息中心、主题信息服务交流互动平台、产业服务基地和发展研究平台，可以使参与双方共同受益，跨界跨行业的合作方式正是平台化运营思维的体现，加强区域合作和跨界合作，可以推动图书馆事业朝更好的方向发展，从图书馆主题馆的资源建设主体、融合资源，扩大资源范围以及活动的组织等方面要始终秉持共建共享的思维。

要以开放的姿态接纳图书馆主题馆的服务用户参与到公共图书馆主题馆的建设中，共建共享文化资源、活动等内容，双方各自赢得良好的社会美誉。在此过程中，激发各类社会主体参与公共文化服务的积极性，丰富公共文化服务产品的供给内容，丰富市民的文化生活内容。

（二）建设特色资源

1. 挖掘潜力，凸显优势资源

产业发展优势、传统文化资源优势、非物质文化遗产资源等都是待发掘的文化潜力。主题图书馆的建设发展与社会发展需要的时代性息息相关，体现着时代发展气息。为了适应图书馆在新时代发展的需要，需要进一步挖掘城市内在的文化潜力，建立富有鲜明地域特色的文化新形象，以增强公共图书馆的核心竞争力。公共图书馆主题馆的主题选择要厚植地域文化根基、城市人文、产业等因素，结合读者的需求，经过科学的调研和论证来谨慎决定。传承至今的地区文化特色，必定有值得深挖的精神财富，要挖掘文化名城、名人的资源潜力，有目的、有计划地建设适合本地区的政治经济社会文化等方面发展的主题图书馆，凸显优势资源，形成区域特色服务品牌，扩大区域图书馆的社会影响力。

2. 拓展资源范畴，延伸服务范围

图书馆主题馆的出现是延伸图书馆服务功能的重要措施，其建设优化了资源配置，增强了馆藏资源范围，扩大了原有图书馆的资源服务范畴与方式。要坚持走"图书馆+"的创新实践道路，积极探索与更多不同行业的合作建设模式，主动拓展资源服务的范畴，扩大资源服务供给的主体和文化产品服务的范围，将服务触角以具人文关怀的温度覆盖到更多人群。文化服务产品进校园、进社区，延伸服务触角，扩大服务范围、提高社会效益、积极探索服务新模式，将服务由本馆延伸至社区、学校、企事业单位和农村，服务人群惠及盲人、老人、少儿、妇女、国际友人等群体。如杭州图书馆音乐分馆开展面向盲人的"爱心观影"活动。

图书馆主题馆资源的类型具有多样性。只要有用途，万物皆资源，活态流动的人、实际的茶叶茶具等都可以成为特色资源。在后知识服务时代，图书馆转型的构成有空间、资源、服务、管理四大要素，整体转型是四大要素转型共同作用的结果，这四大要素也是公共图书馆的资源。

3. 创文化品牌，形成马太效应

马太效应在社会中广泛存在，同样适用于图书馆领域。公共图书馆主题馆的文化品牌的打造，是主题图书馆生存和发展的关键，其文化品牌在社会上取得良好的声誉和主题特色服务地位后，会产生一种积累优势，容易有更多的机会和资源获得更大的成功和进步。图书馆文化品牌活动建设起来后，市民群众心中就有了记忆点，社会影响力越来越大，国际地位也随之可确立。文化品牌优势，会吸引越来越多的企业和单位慕名而来参与主题图书馆的建设。良好的文化品牌，会引领市民参与更多的活动，丰富和提升市民的文化生活。文化品牌建设得越好，会吸引更多相同专业领域内的资源参与，之后相关的其他主题活动开展就会越来越顺利，可利用的合作资源也就越多。如杭州图书馆音乐分馆打造音乐之城，进行"总有一种声音打动你"的品牌建设发展历程，经历了从"公益讲师团"到"专业大师班"的发展，特色专业的文化服务提供者从公益讲师，吸引到了众多有国际影响力的著名音乐家为杭州市民做音乐普及讲座。另外，区域内存在相同主题的主题图书馆建设时要注意避免同质化发展的问题，另辟蹊径，找准自身的优势定位，形成自身不可替代的发展地位，做到人无我有，人有我特。

建设读者活动品牌时要注意：静态活动结合动态活动，全方位刺激读者的接受机制；线上活动结合线下活动，弥补线下活动需要读者亲临现场的局限，将活动渗透进读者的生活中，扩展活动开展渠道；分众与分龄，细分读者群体服务精细化；活动类型多种多样，涉及讲座、展览、表演、交流分享会等多样的体验活动。通过举办活动的方式，发展更多的读者群体，维系稳定的读者，吸引潜在读者对象，扩大图书馆服务的受众对象，提升图书馆服务的社会效益。

（三）空间利用优化

1. 重视主题空间设计优化

空间功能优化，在装饰装修注重运用主题元素，凸显地域文化特色未来的图书馆是市民群众活动的没有功利关系、自由平等的第三空间，其第三空间价值使图书馆空间再造理论被图书馆业界普遍接受。空间即资源，要重视图书馆主题馆的主题空间设计优化。图书馆主题馆的主题空间包括实体物理空间和氛围虚拟空间。在资源布局上，要将二者融为一体，建立主题文献阅览区、文化休闲区、主题展览区、读者交流区等功能区，形成纸质文献、电子资源、活态体验资源的一体式服务空间。

2. 建设特色文化创意空间

传统的图书馆业务只提供简单的文献资源，随着社会物质的极大丰富，市民群众追求更高水平的图书馆服务水平，对图书馆公共文化服务提出更高水平要求，需要图书馆转变发展路径。图书馆由空间、资源、服务和管理四大要素构成，建设特色文化创意空间是图书馆主题馆创新图书馆服务内容的重要举措。

传承创新地方文化，打造区域特色文化空间。打造特色文化创意空间，借助口碑营销，是知识经济时代公共图书馆增强竞争力的重要方式。公共图书馆主题馆的建设要结合地域特色，以信息共享空间、知识共享空间、创客空间、信息拱廊等理念构建品牌化的图书馆特色空间，主动参与地方文化传承，拓展图书馆的业务范围，使图书馆的空间再利用产生文化生产力。

（四）服务合作拓展

1. 普及和提升相结合的特色化研究

图书馆主题馆普及和提升的特色化研究包含两层含义，一层含义是普及专题文化，提升全体社会公众的专题文化素养，面向全体社会公众的普及文化教育做到位的同时也就提升了全民的专题文化素养；另一层含义是针对公共图书馆主题馆特定的服务对象即分为普通用户和专业用户，分别进行面向全体社会公众的普及文化教育和面向专业用户的特色文化服务研究。

专题文化普及仍是公共图书馆主题馆开展服务的基本任务，公共图书馆主题馆应依据年龄、性别、职业身份等各种不同的分类方式，分层次对目标用户人群进行文化需求研究，针对不同的用户需求，提供不同的服务。随着社会的发展，也要及时跟踪发现读者的新需求，发现读者的潜在需求。面向特定用户的特色文化服务，在研究特色文化产品提供的过程中，要注重与专业人员、机构团体以及相关单位的协同合作，发挥各方优势，做好服务工作。如云南省图书馆普洱茶文化图书馆利用国家对获得职业专业资格的补助政策和专门的职业培训机构合作免费开展了茶艺师培训。在普及和提升的特色化研究思路指导下，逐步形成提供成系统的系列化文化产品，助力市民生活品质化的提升。

2. 探索跨行业服务创新

"图书馆+信用"，实现借阅更广范围内的通借通还。杭州图书馆各个公共图书馆主题馆都接入了浙江省图书馆的图书借阅系统，推出了免证免押服务，活动很成功，在全省范围内实现了借阅的通借、通换，成为国内首家线上借书通达全国范围的公共图书馆。

跨行业融合服务可以创新图书馆的基本服务，根据不同主题图书馆的特色主题，从与社会热点、学术研究、与休闲活动、科普融合等方面考虑开发符合主题图书馆的文化资源服务。此外，可设立馆外体验点，增加公共文化服务的资源类型，扩大公共图书馆主题馆的服务的范围。

3. 开发文创产品满足社会需求

公共图书馆主题馆的社会化合作服务还可以拓展至文创产品的开发和发展，激发文化生产力，横向上加强与档案馆、博物馆、艺术馆和非遗中心等单位的合作，以图书馆为主导，进行文化创意产品的开发，满足乃至带动社会的文化消费力，提升图书馆的服务功能。利用好古籍善本、非物质文化遗产等优秀传统文化资源开发文化创意产品，挖掘地方传统文献资源的文化生产力，开发出弘扬中华优秀传统文化，反映时代精神并符合群众实际需求的文化创意产品。

4. 深入推进相关机构的合作

优化公共图书馆主题馆提供的特色服务，在深入推进合作拓展方面，可以以公共图书馆服务体系建设为着力点，积极构建无边界服务的行业新形态。通过纸本文献和数字资源的共建共享，构建全省范围内的资源服务体系以应对社会环境变化带来的挑战和单馆势单力薄的问题，横向上可以和非遗中心、档案馆、美术馆等单位展开合作，纵向上可联系全省各级公共图书馆。另外，公共、高校、科研图书馆的主题建设会有相同之处，可通过中心图书馆委员会来统筹协调公共、高校、科研三大系统，推进资源的互联互通，协同提供服务，将区域内的合作制度化、常态化。

第八章　图书馆读者阅读服务

第一节　读者阅读

一、读者阅读心理

读者阅读倾向是读者阅读行为的客观反映，可以理解为不同的读者群心理特征的总和。人们阅读动机不同，专业兴趣不同，职业经历不同，但在社会要求、工作要求、修养要求上是一致的，因此不可避免地形成阅读倾向。影响阅读倾向的因素众多：从社会因素看，职业背景、从事专业、兴趣爱好和个人学习经历等形成阅读倾向；从人们利用文献资料看，相似的研究课题、相似的阅读目的、相似的知识结构等形成阅读倾向；从文献资料所具有的时效性、可读性来看，给读者的艺术享受、教化感化作用等，都可能成为阅读倾向。本章通过分析读者的阅读心理，尝试提出有针对性的图书馆导读服务。

（一）读者的阅读心理类型

阅读心理是指用户在开展阅读行为之前，基于其阅读目标从媒介获得阅读意义的心理活动过程。它是解释用户阅读选择、阐述用户阅读行为特点和社会阅读文化现象的重要依据。不同的阅读心理会直接影响用户的阅读行为和模式，具体来说，读者的阅读心理主要包括以下几种。

1. 尚名型

尚名型指的是由于读者喜欢一位作者，成为作者的粉丝，对作者所有的作品都有阅读兴趣。导致这种类型的读者出现主要有两个原因：一是因为社会对某些人物进行了正面的宣传，号召人们以他们为榜样，使社会能够向健康方面发展，营造良好的氛围；二是因为读者在成功人士的作品中找到了与自身经历相似的感觉，通过对作品的阅读找到发展的方面，实现自身的价值。

2. 引导型

引导型阅读心理指的是读者自身没有明显的阅读倾向，但是长时间受到身边人的影响，会去选择阅读他们推荐的书目。这类读者应该重点接受图书馆的服务，图书馆人员应该对他们给予适当的引导，培养他们的阅读习惯和阅读喜好，从而让他们找到自身的兴趣爱好，在阅读中获得更多知识。

3. 实用型

实用型指的是通过阅读图书来了解某些知识，这种阅读都是有明确目的的。这类读者受外界的影响因素较小，根据自身的需求来阅读某种图书。图书馆对于这类读者能提供的帮助就是增加书的种类，方便读者阅读。

（二）读者阅读动机

1. 职业影响

当今，随着经济社会的发展，生活中的工作职业知识越来越多，也出现了许多原先没有的职业。为了能更好地适应现在的职业需要，人们必须提高自身的知识储存量，提升业务能力，避免被社会淘汰。因此，人们对职业境况的不懈追求，职业对知识结构不断更新的要求，成为影响读者阅读的重要因素，这些因素推动读者阅读更多的书籍。

2. 生活影响

人生观、世界观、道德观、消费观深刻影响生活方式，尤其表现在改革开放之后，人们不断地追求生活与改变生活，对未来的生活充满了信心。所以，人们不仅需要学习先进的知识，还要通过阅读各种书籍、报刊、文献资源来获得更多的生活灵感。

3. 社会影响

人们必须遵守一定的法律、法规和社会行为道德规范，只有这样才能客观地反映社会的各种关系，调节人们的社会行为，使社会健康持续稳定发展。这就需要人们具备一定的社会生活知识和综合能力。其实，知识积累主要来源于社会实践，同时书籍在其中也起到了很大的作用。此外，读者的阅读动机还会受到其他方面的影响，例如，生活的环境、教育经历、工作经历等方面，这些因素很大程度上给读者的阅读心理带来影响。

4. 阅读选择

吸引读者的第一感觉就是视觉，读者可能会因为书名、作者、封面、出版社而产生阅读兴趣，从而选择一本图书进行阅读。其实，在阅读过程中的各种心理反应就是在享受阅读的选择过程。在这种过程中的心理反应是由感知到感觉的，这一选择过程并不是一时冲动的选择，而是长期的冷静调控得出的。

5. 阅读思考

阅读思考如同阅读感知，是读者对图书的心理反应。感知是一种较为直接的反应，阅读思考是对图书间接的、全局性的把握。思考是阅读的关键，是阅读的灵魂。如果仅仅是为了阅读而阅读，就像吃饭只有咀嚼，没有美味的口感，没有营养的吸收。在文字阅读的基础上进行阅读比较、思考分析，才能使"阅读者"成为"思想者"，这是对于阅读更深层的认知。

二、在分析读者的阅读心理的过程中提升服务质量

每一个到图书馆的读者，都有不同的需要，这就要求图书馆员了解读者内心需求，做好服务工作。他们不外乎就是对文献信息资源的需求和对图书馆员服务的需求。这两方面的需求得以满足，就可以影响、激发读者的读书

欲望，可以无限扩大读者群，使馆藏文献资料快捷流通，把文献中蕴藏的巨大力量开发出来，作用于读者，产生积极的效果。只有这样，图书馆读者服务工作才能发挥重要作用，产生积极意义。

（一）转变观念，改变传统服务模式，开启主动服务模式

图书馆是为读者服务的，其工作的宗旨可以概括为"为每本书找读者，为每位读者找书"。传统的图书馆服务理念要保留，但21世纪公共图书馆的读者服务理念应该走向信息化时代，应做好馆藏文献工作，购买读者喜爱的书籍。图书馆员应通过网络随时掌握读者的阅读情况，经常在读者中做一些问卷调查，根据读者的推荐，有目的地购买书刊。其次，做好宣传辅导工作，举办各类读书活动、讲座，依托馆藏文献，创新服务理念。最后，信息技术的发展带来的是专业化、个性化的服务方式，为满足读者的个性化需求，读者服务工作要通过资料的搜集来了解读者的实际需求，分析、综合读者需求的类型，并依据读者的个性化需求提供有针对性的策略来解决相关问题，来营造人性化的服务环境。

（二）构建和谐氛围，营造符合读者阅读心理的良好环境

这里所谓的"环境"不仅包括图书馆由内而外的所有设施、硬件搭配，也包含读者在图书馆借阅全过程的整体环境。心理学研究证明，环境是能够直接影响到个人心理的重要因素。周边环境变化、事物发展之时最容易诱发对人的"吸引力"，而且越是色彩鲜明、特征强烈的客观物质就越能吸引人们注意。因此，构建一个安静良好的学习环境，无论是对读者的阅读，还是对图书馆员大量烦琐的工作都是有利的，也是吸引读者的最为有效的方式。而从具体实施方法上来看，除了粘贴有关读书的格言警句以激发读者的借阅兴趣之外，还应在固有条件的基础上，保证窗明几净，桌椅整洁摆放，书籍放置合理有序，给读者带来宁静、和谐的心理感受，使其从步入图书馆的那一刻起，既能陶冶情操，放松身心，又能感受到思绪"脱离所有纷繁杂乱"，

进而调整心境，投入书的海洋。因此，环境的舒适与否，直接影响读者的阅读心理，从而影响读者的阅读效果。

（三）利用信息化技术，改变沟通交流的方式

图书馆已经进入网络时代，读者可在家中通过浏览图书馆网站，到网上查找文献资料，在线阅读电子书籍、期刊，下载所需资料，图书馆现代化技术也是吸引读者的一个重要因素。另外，大多数图书馆馆内已设立多媒体阅览室，供读者上网学习，查找资料，也让读者在看纸质图书的同时，可以进行网上阅读，或娱乐，放松身心。微博、微信等社交、通信工具的普及也极大地改变了人们获取信息的方式，例如：节假日的开闭馆时间，各种丰富多彩的讲座预告和门票预约，为读者推荐精品馆藏文献等等，营造一个健康、文明的媒介环境，使读者足不出户了解了图书馆的动态。图书馆网络时代的发展，令读者节省了很多宝贵时间，也提高了阅读效率，充分发挥图书馆的职能，同时也满足了读者的心理需求。

（四）优化图书馆员心理素质，增强馆员的职业观念

现代化图书馆为了适应时代的发展，势必要在服务理念方面应有所改变。图书馆员的服务态度和专业素质都会影响读者的阅读心理和阅读需求。现在有一部分图书馆存在馆员知识结构老化、服务理念落后，对新的技术设备不感兴趣的现象，跟不上时代前进的步伐。图书馆的领导应积极鼓励员工前往兄弟单位进修、培训，不断完善和更新自身的专业技术层次，在各自平凡的工作岗位上提升服务技能。图书馆员不但要有过硬的业务素质，还要有良好的心理素质，图书馆应针对馆员可能存在的问题进行专题心理辅导，加强心理健康知识的传播，增强他们调节心理问题的能力，开展丰富多彩的文化、体育、娱乐等活动，减缓工作中的压力，调动馆员的工作积极性和创造性，培养其健康的心态。图书馆员如果善于自我心理调适，保持健康的心态，注重自身修养，则能更好地与读者沟通，做好读者的服务工作。

第二节　我国图书馆读者阅读服务发展历程

一、传统阅读服务

图书馆传统阅读服务时期的主要内容是文献外借、阅览服务、参考咨询服务以及传统阅读宣传等。

(一) 服务内容

1. 文献外借

传统阅读服务时期的主要服务是文献外借，文献外借从闭架服务到开架借阅服务，节省读者时间，也便于读者选择图书。文献外借服务在这个时期主要有传统手工借阅、馆际互借以及流动图书馆借阅方式。

2. 阅览室开放

传统阅读服务时期图书馆空间主要作为藏书空间、流通空间和阅览空间。随着开架服务的发展，藏书空间和阅览空间逐渐合一，并且趋向于借、阅、检、询服务的统一。阅览室作为图书馆传统阅读服务的实体空间，利用图书馆空间资源为读者提供服务，是阅读空间打造的最早体现。这个时期的阅读空间打造主要是为读者营造安静幽雅的阅读环境以及阅读氛围。

3. 传统阅读活动

图书馆从"为书找人"的角度出发，开展阅读推荐、阅读指导、交流会、培训班、图书展览等形式多样的阅读活动，不仅向广大民众宣传图书馆，让更多的人认识图书馆，了解图书馆，走进图书馆和利用图书馆，也为阅读服务打开新视角。

(二) 服务特点

由于受到古代藏书楼"重藏轻用""重管轻用"思想和现实条件的制约，

图书馆的传统阅读服务工作常常受到忽视。这个时期的阅读服务在服务模式、服务观念、服务方式和服务重点等方面具有特定特点。

1. 服务理念被动

传统阅读服务过程中主要围绕"书"和"馆内"开展服务，重心在"藏书"和"管书"方面，因而不能根据读者需求主动提供服务，只能等待读者走进图书馆才提供服务。虽然开展流动服务，但是并未针对读者需求提供，服务被动性较强。

2. 服务内容单一

传统阅读服务时期有图书借还服务、实体阅览空间服务、书目推荐、传统阅读指导、读书交流会、培训班及图书展览等阅读服务，阅读活动存在形式化，读者参与活动较少，对读者活动满意度调查回访等问题也未引起重视。

3. 服务范围局限

传统阅读服务的局限性制约读者对图书馆的认识和利用。服务局限性表现在空间距离、开放时间、管理制度方面。首先，空间距离是指读者与图书馆的距离，空间距离的远近是影响读者需求行为转变为利用行为的直接因素之一。其次，在过去很长一段时间里图书馆的开放时间与读者的工作时间基本一致，导致读者利用图书馆受到了限制。再者，这个时期对图书管理有着严格的借阅、阅览和检索制度，这些管理制度对读者进行限制，甚至有些书库不开放，导致服务具有局限性和封闭性。

二、数字阅读服务

随着信息技术的发展，社会生活已经进入了信息化、数据化时期，人们获取信息的方式和手段发生了变化。图书馆资源建设出现纸质馆藏和数字馆藏"两条腿"并行的情况，因此图书馆阅读服务也不能停留于传统阅读服务层面，再加上人们对电子书、阅读 App 等数字阅读媒介的选择也促使图书馆改变阅读服务模式。阅读方式也出现传统阅读、互联网阅读和移动阅读方式共存的态势，国民阅读方式改变图书馆阅读服务模式，同时数字图书馆建设提上日程，图书馆资源建设、管理、服务方式等多方面发生巨大变革。图书馆意识到阅读方式改变，数字阅读对传统阅读的冲击，听书等成为人们喜爱的阅读方式。图书馆顺应时代发展，阅读服务从传统服务时期进入数字阅读服务时期。

（一）服务内容

1. 阅读导航

阅读导航是图书馆数字阅读服务的第一步。阅读导航指的是深层次、多角度地组织和揭示信息内容，以读者容易使用的方式展示馆藏，让用户轻松发现所需内容。图书馆网站栏目设计和布局体现阅读导航功能，为用户发现馆藏和检索资源提供导向服务。

2. 阅读提供

阅读导航是帮助用户快速寻找资源的服务，而阅读提供则是为用户解决"如何读"的问题。传统阅读载体是纸质文献，数字阅读载体则是数字化资源，图书馆数字阅读提供在线阅读、资源下载和数字阅读器借阅等服务。

3. 阅读互动

图书馆阅读互动服务是指读者参与到图书馆开展的活动中，实现读者与图书馆员之间、读者与读者之间的互动交流。图书馆论坛是读者与图书馆员进行交流、评书、荐书的平台。论坛是一种随意性较强的虚拟空间，读者可以自由在论坛上发表自己的想法和建议，而图书馆员则需要做好管理和引导工作，保障论坛"杂而不乱"，为读者创建一个良好的阅读交流空间。

4. 移动阅读服务

移动阅读方式兴起，给图书馆的发展带来新机遇和挑战。移动阅读服务是指图书馆针对移动终端推出数字图书馆 App 软件或者数字阅读平台，读者在移动终端上可以利用图书馆资源，了解图书馆动态等。移动阅读服务具有移动性与即时性。数字阅读平台在资源整合和共享方面具有优势。

5. "微"服务

"微"服务是指图书馆利用微博和微信平台提供阅读服务。"微"服务不仅在宣传推广图书馆方面具有优势，在与读者互动、提供咨询服务方面也具有优势。"微服务"是数字阅读推广活动宣传的有效方式，结合线上线下宣传，引导更多读者学会阅读、利用图书馆资源学习，提升个人素养和能力。

6. 数字阅读推广活动

图书馆数字阅读推广是利用网络平台提供阅读活动服务，解决了传统阅读服务时期服务受众、服务时间局限的问题，使不能到馆的读者可以通过数字阅读推广活动享受图书馆阅读服务。数字阅读推广活动已经由"网络书香"主题活动发展到了视频、讲座、征文比赛、信息检索等内容丰富的服务。

(二) 数字阅读服务特点

1. 服务模式主动化

数字阅读服务阶段，图书馆服务由被动向主动转变。图书馆根据读者阅读方式改变资源建设类型和内容，从传统资源到数字资源的体系化、特色化建设，为数字阅读服务奠定资源基础。通过网络媒体、新媒体等新媒介向读者推送图书馆相关信息。阅读服务从等待读者走进图书馆到为读者推送信息，主动服务。

2. 服务方式多样化

图书馆利用互联网、新媒体开展阅读服务，如电子阅读器外借，数字阅读 App 资源、扫码阅读、阅读平台资源整合、数字阅读推广活动等方向。数字阅读服务方式多样化，在服务中应用新技术不断提高服务效率，提高服务水平和读者满意度。

3. 服务平台在线化

数字阅读服务平台在线是指在网络平台上开展服务工作。数字阅读服务是从实体空间走向网络空间，阅读资源数字化推动图书馆服务空间的拓展和延伸，从服务进馆读者到通过互联网、新媒体等方式服务馆外读者。不仅扩大了服务受众范围，还可以将潜在读者转变为现实读者，拉近图书馆阅读服务与读者的距离，同时也能够引导读者走进图书馆，利用图书馆的各种资源，进而实现图书馆社会价值。

三、智能阅读服务

随着智慧城市的建设与发展，智慧图书馆研究与实践也提上了日程，图书馆阅读服务也迎来新的时期——智能阅读服务时期。大数据、数据挖掘技术、物联网技术、情景化技术、3D/AR/VR 技术、人工智能等技术的成熟与广泛应用为图书馆带来新机遇。"图书馆学新五定律"新技术应用目的是提高服务质量和满足用户需求，并非以"技术至上"作为目标。智慧图书馆建设不仅需要人工智能技术的支撑，更需要智慧图书馆员。智慧馆员是智慧服务、智能服务的核心，技术是辅助手段。

（一）服务内容

1. 智能机器人

智能科技的成熟与应用对于智慧图书馆建设十分重要，图书馆智能机器人服务在阅读服务中发挥了很大作用。智能机器人通过交互系统、语音系统等与读者进行交流，为读者提供图书定位和智能导航，给出最便捷的取书引导路线，不仅给读者带来新颖体验，同时能够节省查找资源时间，提高服务效率。智能机器人还可以提供读报、读书以及分享其他读者读书感悟等服务。

2. 虚拟阅读体验

虚拟现实技术应用于读者阅读体验，通过穿戴式设备提供虚拟场景体验服务。虚拟体验服务有虚拟+阅读、虚拟+检索、虚拟+查询等。虚拟阅读体验让读者的阅读更加轻松、愉快并且更沉浸于阅读之中。场景式阅读体验是智能阅读服务方式之一，为读者打造一个全景化阅读空间。现实增强技术也可带来阅读新体验，通过扫描二维码，就可以体验到不同于传统方式的阅读乐趣。

3. 品牌阅读活动

智能阅读服务时期的阅读推广活动致力于打造品牌化阅读推广活动。通过打造品牌阅读推广活动，形成具有特定目标人群、活动名称、活动标识、活动方案、活动宣传等一系列完整品牌活动规划。这个时期的阅读推广活动从专业上进行深度挖掘，注重活动分级细化，针对更多的群体开展活动，服务辐射面广。

4. 城市公共阅读空间

城市公共阅读空间是图书馆打通"最后一公里"的阅读服务，而且城市公共阅读空间是自助、智能化管理，为人们提供自助办证、自助借还等服务。这个空间从绿色、智能、便民、地域文化的角度进行设计，不仅在地理位置上充分考虑便民，还具有地域文化特色。亲民、便民服务方式让更多的人享受到图书馆的阅读服务。

(二) 服务特点

1. 服务场所泛在化

智能阅读服务场所已经不限于馆内，城市公共阅读空间打造及人工智能技术的应用，图书馆阅读服务已经渗透到读者日常生活的每一个角落。24 小时自助图书馆、城市书房、地铁图书馆等各种服务形式弥补图书馆阵地服务的不足，同时也拉近人们与图书馆与阅读的距离。

2. 服务融入高新科技

阅读服务应用技术越来越多，新技术的应用使服务高效化、智能化和人性化。3D技术、虚拟现实技术、智能定位和物联网、人工智能等新技术的应用对馆员的专业要求更加严格，馆员需要不断加强学习和培养。

3. 服务推送智能化

大数据、数据挖掘、用户画像等新技术的应用是图书馆实现智能化推送的技术支撑。读者阅读信息和行为可以通过图书馆借阅系统和读者信息管理系统进行分析统计，从而对每一位用户的阅读行为进行标签化处理，形成读者的用户"画像"，针对读者的阅读习惯和兴趣进行精准化、个性化推送。

智能化推送服务在馆内活动、馆藏结构、馆内导航方面也有所体现，根据读者在馆内位置，通过定位系统进行馆内信息推送，让读者随时了解馆内动态以便及时参与感兴趣的活动。

4. 阅读推广品牌化

智能阅读服务时期要求提供优质化服务，阅读推广活动品牌化是图书馆阅读服务的主流形式，阅读推广活动针对目标人群策划品牌活动已经成为图书馆界的共识。阅读推广品牌化离不开阅读推广人才培养，因此人才培养成为图书馆服务重中之重的工作。

第三节 图书馆读者阅读服务的特点和意义

一、阅读服务的特点

（一）坚持以人为本

阅读服务一直坚持"以人为本"理念。随着社会发展，"人"的需求发生改变，阅读方式发生改变。图书馆阅读服务"以人为本"看似不变，但一直随着"人"的需求而与时俱进。传统阅读方式主要提供传统阅读服务，数字阅读方式开展移动阅读服务等数字阅读服务，从安静阅览空间到分享交流、热闹非凡的阅读活动服务，从信息中心角色到创造、分享、休闲娱乐的第三空间转变。"以人为本"理念一直贯穿在阅读服务每一个时期当中，是与时俱进的具体表现。"以人为本"是以满足"人"的需求为出发点，根据"人"的需求变化改变图书馆阅读服务方式和服务内容，是指导实践活动的指南针。

（二）阅读资源多元化

图书馆多元化资源建设不再局限于传统资源。虽然图书馆传统资源是资源建设的重要组成部分，但是目前图书馆资源形式多种多样，包括纸质资源、数字资源、多媒体资源、三维信息资源和其他形式资源。多元化资源建设为提供高质量、优质化服务奠定坚实基础。

（三）阅读服务方式多样化

阅读服务有阵地服务、流动服务、阅读空间打造、数字阅读服务、虚拟阅读体验服务、阅读推广等多样化服务。阅读服务已经融入读者生活、工作、学习等各方面，图书馆向集学习、休闲、娱乐、交流、创造多功能"第三空间"转型。

（四）服务手段智能化

图书馆借信息技术创新之风推动服务智能化发展。大数据、云计算、智能感应技术、智能导航技术和增强现实技术及虚拟现实技术、人工智能、5G等各种新技术逐渐应用于阅读服务动作促进图书馆阅读服务智能化。新技术发展创新引领阅读服务发展。

（五）服务人员专业化

图书馆服务人员专业化是提供服务质量和水平的基本要求，图书馆越来越重视馆员知识结构层次化和专业化。图书馆追求服务专业和服务深度，阅读服务是图书馆服务的核心工作。阅读服务专业化和深度化是图书馆服务的基本要求，因此馆员专业素养提升十分重要。目前社会各界对于阅读推广人培养十分关注，图书馆界关于阅读推广人培养和培训已经开展，对阅读推广人才培养给予高度重视。

二、新时代公共图书馆阅读服务的特点

（一）服务对象的社会化

新媒体时代，随着公共图书馆的全面免费开放，图书馆从服务固有的读者，逐步扩展为服务社会大众，具有十分鲜明的社会化特点。公共图书馆面向社会开发信息产品，提供信息咨询，定题定向服务等。这种信息服务延伸了图书馆的服务职能，使图书馆的服务对象实现社会化。

（二）服务内容的精品化与多样化

新媒体环境下，文献信息资源的结构发生了重要变化，图书馆赖以提供的信息资源具有类型多、跨时空、跨行业、语种多、非规范等多样化特点，文本数据、图像、声频、视频等形式应有尽有，信息资源的选择也呈现出复杂性与多样性。读者利用信息的深度不断加深，不再满足提供一般性服务，也不像以往那样关心信息资料量的问题，而是要求提供"快、精、新、全"的服务。使公共图书馆服务内容趋向精品化、多样化，服务质量趋向高优化。

（三）服务体系网络化与共享化

新媒体环境下，随着信息资源的数字化传输的网络化以及技术标准和运行规划的统一，公共图书馆的阅读服务不再局限于馆际互借的传统模式，而是通过信息传输网络和以计算机为核心的现代信息工具，向读者提供数字化的书目信息、文摘信息乃至全文信息。网上的信息资源大部分都是公开免费的，为所有网络读者共享。数字时代实现了资源共享的目标，数字媒体的出

现更是扩大和加速了信息流通与共享的范围，使各省市的公共图书馆由"单体"变为"组合"，使各馆的"独享"信息变为"共享"信息。

（四）服务模式便捷化

新媒体环境下，我国多数公共图书馆实现了内部局域网管理，服务手段也实现了自动化，自动化范围将在采访、编目、流通等业务环节和工作程序上充分利用计算机技术、办公自动化技术、多媒体技术、光盘技术、软件技术等，将捕捉到的新信息随时进行加工整理和传递，实行了现代化信息管理。

三、图书馆阅读服务的意义

图书馆是人们终身学习的场所，是保障公平获取知识的信息中心，也是捍卫平等自由的社会机构。图书馆开展阅读服务对社会文化建设、图书馆事业发展和个人成长具有重要意义。

（一）推动社会文化建设

社会发展离不开文化软实力，国民文化素质提高对"文化自信"具有积极影响。推动全民阅读，建设书香社会是我国长期以来推动的系统工程，"全民阅读"旨在促进全民培养阅读、学会阅读、喜爱阅读、享受阅读，并从阅读中得到提升，从而提高全民文化素养。图书馆在全民阅读活动中扮演着重要角色，全民阅读追求目标是"每一个人都参与阅读行列"，强调"人人"。

在开展全民阅读活动的社会机构中唯有图书馆能够实现为"每一个人"提供服务。图书馆阅读服务包括为公众提供阅读指导服务，为未成年读者和儿童提供阅读服务（低龄和学龄）的绘本阅读服务、家庭亲子阅读指导服务、针对老年人读者的特殊需求的阅读服务，移动阅读服务等可以满足"每个"读者的个性化需求。图书馆俨然成为推动全民阅读的主要阵地。图书馆通过阅读服务提高国民阅读素养，提升国民文化素质，为我国文化建设注入新鲜活力，推动社会文化建设进程。

（二）加快图书馆事业发展

《中国公共图书馆法》和《图书馆服务宣言》中有相关条例阐明阅读服务是图书馆的重要使命，图书馆提供阅读服务是履行社会职能和承担社会责任的具体表现。图书馆自身发展也离不开阅读服务，倡导全民阅读、书香社会和学习型社会推进给图书馆事业发展带来机遇。在图书馆阅读推广服务中宣传图书馆，彰显社会价值，为图书馆事业可持续发展创造良好条件和环境。

（三）促进个人成长

阅读对每一个人的影响是巨大的。人们成长的每一个阶段都需要阅读，阅读可以影响人的性格、阅读能够培养良好品质、阅读可以拓宽眼界、阅读可以使人智慧、阅读能够充实自我。古今中外，阅读被视为成长过程中最应该培养的习惯之一。图书馆开展阅读服务为个人成长提供一个随时随地的"充电"空间，同时因为阅读服务具有服务方式多样、服务内容丰富、服务资源多元等特点，满足不同读者的阅读需求。阅读引导、阅读推广、阅读分享、阅读空间打造等等让更多国民认识阅读、了解阅读、爱上阅读，意识到阅读对个人成长的重要性。图书馆开展阅读服务为读者提供阅读资源和阅读空间，服务不同年龄阶段读者。从服务"小读者"到关注"大读者"，帮助人们在成长过程中培养阅读、训练阅读、学会阅读、爱上阅读，让阅读成为不可或缺的人生"伴侣"。

第四节 突发事件下的读者阅读服务

突发公共事件，即与人类正常社会活动、社会关系、社会秩序相对立的，引起社会动荡，威胁社会安全的一系列危急事件，如重大人员伤亡、财产损失、生态环境破坏等，它处于脱离社会正常运行轨道的非均衡、非常态状态。在此情况下，图书馆应坚持应急服务原则，在严格落实国家相关政策基础上，结合图书馆服务理论作为指导，结合自身图书馆定位，制定具有本地特色、明晰应急服务学理依据、极具参考价值的《应急服务指南》。有目的性地为读者提供应急服务，以满足读者的安全需求、社交需求、精神需求。最后是与馆员共同确立。图书馆需明确突发事件中的角色定位和所要承担的责任与义务，衡量整个图书馆的应急服务深度与广度，让馆员参与到应急服务计划的制定中来，调动馆员应急服务的积极性，力尽所能地执行应急服务计划，使馆员充满责任感、使命感地坚守岗位。在服务过程中，听取馆员、志愿者的意见反馈，及时调整活动部署，完善应急服务。

一、线上阅读服务

公共突发事件有可能造成图书馆自身建筑、馆藏的损坏，或因传染性疾病而临时闭馆，无法开展到馆服务。但无论到馆服务能否进行，都应该加强线上服务。

新时代图书馆的数字化、信息化发展为开展线上服务提供了坚实后盾。公共图书馆可组织力量整合各种类型的数字资源，提高文献资源的利用率；开辟多种优质的数字资源服务以便读者选择、利用；利用图书馆官方微信公众号、官方网站、抖音、快手等多媒体平台多方位开展线上服务读者阅读的工作；通过组织创办数字阅读活动、突发事件相关讲座或专业知识技能讲座、应急服务专栏等阅读推广性服务活动，丰富读者阅读广度；通过多渠道丰富各类电子书刊以提高线上电子书服务广度，并推出线上电子听书服务；通过开展线上主题展览活动，组织知识竞答活动等各类型的线上资源供给，人们不用走出家门，宅在家里就可以享受阅读资源；在数字图书馆的建设，乃至智慧图书馆的构建方面，可以省级图书馆为中心向以下各级图书馆进行数字图书馆资源覆盖，推动数字图书馆服务体系建设；在突发事件影响下，人心惶惶，找事干、找书读的人越来越多，迎来一个阅读服务需求的爆发点，而这种情况下，除一般读者外，更要关注各个阶层的读者，比如给老年人、小孩喜爱的书籍录制听书音频，多储备电子阅读器，向外借用。

身处灾区的图书馆要特别注重线上阅读服务，不仅因为到馆服务可能会受影响无法开展，还因为图书馆的阅读服务是灾区民众的精神食粮、精神避风港。比如 2021 年疫情期间，武汉多家区级公共图书馆团结起来，联合构建线上阅读平台，为方舱医院的病患及全体读者提供免费的阅读服务，将互联网模式运用到极致，与传统文化服务模式结合，提升了读者的阅读体验，也为灾区民众提供精神文化支持，对缓解群众精神压力起到了重要作用。

二、线下阅读服务

自然灾害或事故灾难类突发事件可能会波及范围内的图书馆到馆服务，但更多的突发事件下图书馆可以采取区别于日常的线下服务模式，在保障馆员安全的情况下，采用更为机动灵活的方法。

图书馆可成立送书小组，开展线下馆员送书服务或者利用如今发达方便的快递行业快递送书上门。针对社区内位置较近的读者还可以提供预约图书自提服务，在社区设立更多的无接触借阅柜，方便居民借书还书，还有一些比较创新的阅读服务，比如电子阅读器外借服务，线下流动车借书活动。亦可针对灾情提供专项阅读服务、灾情前线的现场阅读，比如武汉图书馆为医院提供的方舱读书驿站，对舒缓人民及医护人员的心理起到很大作用。

灾情过后的线下活动应该更为丰富，比如开展纪念照片展览、开设灾害教育图书专栏、组织英雄事迹报告会、筹办主题朗诵比赛等不同形式的纪念活动，以铭记过去、展望未来。

三、阅读治疗服务

阅读治疗本就是值得关注的研究领域，突发事件下的阅读治疗，更凸显其作用。必须运用多种不同的创新方法，围绕读者困扰的方方面面，提供服务，治愈读者，感怀读者，温暖读者，让逃过一劫，经历过大喜大悲的人们依旧笑对明天。

用书中的心灵交流给予灵魂慰藉，抚慰恐慌平息。图书馆可以提供"他助式"或"交互式"的、专业化的阅读疗法服务，并举办多样化的主题活动以满足对阅读疗法工作的多元化需求与期待。通过公众号、微博、官网等多种平台，宣传图书馆将要举办的阅读治疗活动，让人们了解他们能获得何种形式的阅读治疗服务，通过不断更新书目、丰富活动，使人们忘记灾难的沉重，走出压抑的阴霾。具体来说，可以通过开通热线、设置专门阅读区、推荐积极向上的书籍等方式进行精神状态的治愈，鼓舞人心，活动方面可尝试开展新媒体平台晒书接力、读书大会、陪孩子读书等，陪伴那些心系同胞、忧心灾情的人度过这段黎明前的黑暗。

四、关注弱势群体读者

突发事件中，孤寡老人、留守儿童、残障人士、城市流浪者等弱势群体面临着人身安全难以保障、基本生活需求难以满足、信息闭塞谣言围绕、心浮气躁惶恐不安等诸多方面的问题。对于这些问题，公共图书馆可以尝试开展以下几个方面的措施：

第一，馆员树立对弱势人群的应急服务意识，展现图书馆人思虑周全、积极奉献的担当精神。第二，联系所在社区的相关负责人，对弱势群体的人数及类型进行大致的了解，并向社区询问，需要图书馆提供什么样的帮助，以便后续应急服务工作的展开。第三，图书馆根据统计人数将无家可归的人员安置在适宜区域，提供避难所，也方便集中管理该类人群。第四，馆员下沉社区，与工作人员、志愿者构成援助合力，并按援助对象需求，建立"精神援助档案"，设置针对性的对口帮扶措施。第五，考虑到弱势群体信息获取渠道狭窄的问题，可在图书馆大厅播放事件最新进展新闻，开辟电话咨询热线，加大宣传力度从而保证弱势人群能够及时获取事件最新消息、政府官方信息，学习科学防灾自救知识，避免被谣言误导。第六，提供心理疏导服务，未知才是最让人恐惧的，灾难来临时难免心浮气躁、恐慌不安。图书馆作为心灵的寄托场所，更要以阅读治疗的手段，缓解其心理压力，根据"精神援助档案"，为不同人推荐不同的书籍阅读，使其积极乐观地面对突发事件，重新燃起对美好生活的希望，对于行动不便的老人或不方便出门的留守儿童可采取送书上门的形式，对文化知识薄弱的人群要开展听书服务，或多提供视频绘本等。

第九章　不同类型的读者服务

第一节　未成年人读者服务

一、未成年人服务工作理念

（一）未成年服务工作是公共图书馆服务范畴的重要组成部分

联合国教科文组织 1994 年发布的《公共图书馆宣言》中指出，公共图书馆应在平等的基础上向所有人提供服务，而不论年龄、种族、性别、宗教、国籍、语言或社会地位。长期以来，我国公共图书馆有相当数量只对成年读者服务，这是公共图书馆服务对象的遗漏和缺失。近年来，公共图书馆界才逐渐开始重视对未成年群体的服务工作，但是，中学图书馆（室）的基础相当薄弱，甚至有相当一部分并未向学生开放，小学设有阅览室的更是寥寥无几，甚至一些重点小学也没有阅览室，即使有了，在节假日和寒暑假也不对学生开放。所以，我国少年儿童图书馆事业的现状还远远不能满足广大少年儿童渴求知识的需要。而作为提供社会教育的场所，开展少年儿童活动教育服务，积极拓展图书馆社会教育功能，是公共图书馆义不容辞的责任。

（二）培养儿童阅读习惯，奠定学习型和创新型社会的坚实基础

全民阅读水平是衡量一个国家社会文明程度的重要标志。我国正在建设创新型国家，创新型国家的基础是学习型社会，提高全民阅读水平，增强全民族的文化素质和创新意识，促进人的全面发展，对于建设学习型社会和创新型国家是至关重要的。近年来，我国全民阅读活动达到高峰，"年度好书评比""好书推荐""名人书单"等活动层出不穷。联合国教科文组织 1994 年的《公共图书馆宣言》中指出，公共图书馆使命的第一条就是"从小养成和增强儿童的阅读习惯"。习惯是人们长时期养成的动作、生活方式、社会风尚等。人类心理学家广泛地开展了对人类自身各种能力与行为发展关键期的研究后发现，儿童期是人格和习惯形成的最佳时期，在儿童时期养成的良好习惯可让孩子受益终身。人从幼年起就应该通过教育培养一种良好的习惯。在新的时代背景和网络环境下，公共图书馆应创造性地开展各种活动，从小培养少年儿童的阅读习惯，从而提高全民阅读水平，奠定学习型和创新型社会的坚实基础。

（三）充分发挥社会教育职能，起到第二课堂的作用

教育不专在学校，学校之外还有许多机关，其中最重要的是图书馆。如果说家庭教育、学校教育、社会教育构成了一个人才开发的系统教育工程，那么图书馆教育则是这个系统教育工程中的一个子系统。公共图书馆是少年儿童学习的第二课堂，它在少儿成长过程中产生的积极作用是不可低估的。如果公共图书馆的少儿服务工作弱化了，那么图书馆发挥第二课堂的作用就得不到有效的保证。图书馆每年可以组织一些大型少儿活动，内容涉及思想、知识、情操、能力等方面。除此之外，开设兴趣小组，结合学校的教学活动，对少年儿童进行比较系统的训练。

二、未成年人读者服务发展策略

（一）充分认识未成年人阅读的重要性和紧迫性

在英国，阅读被看作是教育的重要发展项目，政府提供足够的政策资源和公共服务来推动阅读活动的发展。早在 1992 年英国就推出世界上第一个国家性儿童赠书计划——阅读起跑线计划，随后又开展了"全国阅读年""睡

前阅读周""暑期阅读挑战""闲话图书阅读小组"等一系列全国性读书活动，借助各种方式促进未成年人阅读。

我国对未成年人阅读的重要性和紧迫性虽有所认识，也开展过一些类似的阅读推广活动，但由于没有足够的政府专项资金投入，也没有明确的实施计划及考核评估机制，往往流于一般性的短期宣传或一阵风似的短期活动。我国公共图书馆应该充分认识到未成年人智能开发关键期的重要性，有规律地、持之以恒地致力于未成年人阅读服务；设立专门的阅读推广活动机构，制定具体实施计划并对实施结果进行适当的绩效评估，这样才能达到预期的效果。

（二）深化对未成年人的公益性服务

在我国，由于城乡发展不平衡、地区发展不平衡，公共服务水平差距较大，教育公平问题也较突出。湖南少年儿童出版社的一项未成年人阅读状况调研结果显示："经济因素对农村未成年人课外书阅读的影响是非常大的"，"阅读习惯缺失、阅读意识模糊是农村孩子中存在的普遍现象"，"家庭经济状况不同的学生在图书阅读量上有显著的区别"①。家庭贫困等客观原因使部分未成年人无法纵情于书海，得到的阅读指导亦很有限，导致这些孩子阅读习惯缺失、阅读意识模糊。公共图书馆作为政府设立的公益性文化设施，是保障未成年读者基本文化权益的重要阵地。我国的公共图书馆应减免收费项目、最大限度地降低未成年人服务门槛，通过减免费用、送书上门、举办公益阅读活动等，让最广大的青少年儿童免费读书、看报、参加公共文化鉴赏活动，共享文化发展成果，让图书走近所有孩子，点亮他们的童年。

（三）重视早期阅读，开展婴幼儿服务

在英国，学龄前儿童（5岁以下）是公共图书馆服务的一类重要对象。英国的许多公共图书馆打出了"婴儿也需要图书""再小的孩子都可以加入

① 郭桂英，张东辉编著. 公共图书馆弱势群体服务探析［M］. 长春：东北师范大学出版社，2014.

图书馆"等口号,设置了专门的阅览室以提供适合婴儿和学龄前儿童的读物,并举办各种亲子活动,吸引家长和孩子们使用图书馆。

美国阅读问题专家乔治·史蒂文斯认为,教育史上危害最大的错误就是将各种阅读教育都放到孩子6岁以后,而我国公共图书馆的未成年人服务主要是面向6岁以上的儿童,专门针对婴幼儿提供的服务很少。对此,我国可以借鉴英国公共图书馆的做法,鼓励婴幼儿家庭参与图书馆活动,如带领婴幼儿家长参观图书馆、观看影片,或组织一些亲子互动活动(如讲故事、唱儿歌、猜谜语、做小游戏等),让家长和孩子参与其中,并结合孩子的早期教育普及图书馆的知识,帮助孩子们从感性上认识和了解图书馆,激发他们的阅读愿望和兴趣,使他们较早获得阅读的能力。

(四) 细分年龄层次,提供区别化和特色化的服务

读者的年龄不同,其阅读的内容和爱好会有很大差异。图书馆将适当难度的图书推荐给适龄的孩子,会大大增强其阅读的自信心,帮助他们培养阅读兴趣、提升阅读能力。图书馆对未成年人的年龄划分不尽相同,最常见的范围为:儿童(从出生到12岁)、青少年(从12岁到18岁)。英国大多数公共图书馆对未成年服务对象进行了更细致的年龄划分,为不同年龄段的孩子提供符合其身心特征的读物,并开展相应的阅读活动。我国公共图书馆作为未成年人阅读推广的主阵地,应进一步对其年龄层次进行区分,并确定相应的服务理念、服务标准、馆藏标准和设备设施标准,在充分了解少儿读物资源的基础上,利用专业优势和服务经验,对不同年龄段孩子的阅读能力进行调研和分析,真正了解孩子们的需求,按照少年儿童不同年龄段的心理发育程度及不同特点和智力水平提供科学的阅读计划,提供有差别的服务空间和服务项目,设计适合他们的阅读推广活动。

(五) 鼓励青少年参与管理

图书馆应当为青少年参与项目计划、执行以及自我服务、志愿者服务等

提供机会。青少年参与管理，方便将同龄人的喜好与需求及时地反馈给公共图书馆，从而使工作更有针对性，收到更好的效果。同时，青少年参与到管理中来更能调动他们的主动性、积极性，使他们的综合质素和能力从中得到锻炼和发挥。

（六）争取多方力量的支持与合作

未成年人阅读推广活动是一项系统工程，要建立长效机制，除了取得政府的扶持外，还要争取多方力量的支持与合作。我国公共图书馆可以与各有关部门及各类关心少年儿童利益的机构（如幼儿园、学校、团委、教育部门、社会团体、社区、文化中心、媒体机构等）积极合作，优势互补，共同开展活动；应充分利用丰富的馆藏资源、宽阔的环境资源及专业的人力资源，在阅读推广活动中充当倡导者、组织者和实施者；在宣传推广方面，除了利用报纸、电台、电视台等传统媒体外，还要通过网络平台，多方宣传未成年人阅读的重要性和紧迫性，推广图书馆的各项活动内容，提高市民对图书馆及其所开展活动的认知度、认同感，引导读者参加图书馆举办的各种读书活动，提升全社会的阅读风气。

（七）采用有效的激励机制

奖励会影响阅读动机，进而影响阅读态度、阅读时间和阅读行为。英国学者克拉克和鲁伯在一份关于如何培养快乐阅读的研究中指出，与活动本身有关联的奖励比起那些与活动无关的奖励，更能诱发人们参与并开展活动的动机，因此使用图书或是购书券等与阅读有关的奖励形式更能起到激励阅读的作用。英国公共图书馆十分注重奖励的作用，通过在全国范围内发放免费图书鼓励儿童阅读，取得了很好的效果；苏格兰地区图书馆普遍开展的"小书虫的图书馆挑战"也是利用卡片、证书和赠书提高孩子们阅读兴趣的成功案例。这些实践经验表明，图书馆在开展阅读推广活动中，给孩子们恰当的奖励往往能起到意想不到的效果。这些奖励不用很丰厚，但都能吸引孩子们进馆阅读。孩子们来一次，就多了一次亲近图书馆的机会，当亲近图书馆成了习惯，也就是迈出了培养阅读习惯的重要一步。

（八）积极开展各类阅读推广活动

阅读推广活动是创造阅读环境、促进阅读行为的有效方式。英国图书馆十分强调阅读推广活动对儿童阅读的促进作用，图书馆与信息专业人员特许协会在给英国地区委员会提出的改进公共图书馆服务的指导性方案中指出，图书馆应该通过提供一系列活动项目，强化其在地区和社区中的重要角色，要针对父母和婴幼儿、儿童、青年开展活动，创造性地举办各种作者读者见面会、阅读小组、讲故事活动和快乐阅读等推广活动，提升当地少年儿童的文化水平和知识素养。

三、信息化背景下未成年人读者服务发展建议

（一）借助 Web 技术加速文献资源传递速度

近年来，互联网技术在应用上越来越广泛，网络信息化技术开始在社会发展各个方面得到有效应用。针对公共图书馆的文献建设及传递，尤其是针对图书馆少儿阅读服务领域，网络技术发挥了十分显著的作用。

一般情况下，读者需要借助计算机进行对图书馆网络服务器的访问，Web（万维网）服务器接受读者请求后，借助中心交换机实现对不同业务服务器的请求，业务服务器负责对相关请求进行处理，之后由中心数据库负责开展数据检索工作，同时将检索所得的结果返回到业务服务器以及 Web 服务器中，Web 服务器针对返回的各种数据实施编译处理，然后由 E 负责将其转变为文字、图片或者音像等形态，传递至读者计算机，通过这种方式，完成读者访问公共图书馆相关少儿文献资料的总体流程。借助以上操作方法，少儿读者能够做到在家中便捷地访问各种丰富的图书馆信息资料，此外，这种访问方式还能够大幅度提高少儿读者在阅读上的安全性。

要想以 Web 形式实现对少儿信息资源的有效访问，公共图书馆首先应建立一个少儿数字资源服务网站。该网站借助各种技术等进行制作，构建一个以 Web 为基础的应用程序，提高程序应用的简易性和便捷性。在借助动态网页技术对相关网页进行构建的过程中，全部程序操作均需要依托 Web 服务器端，经网络渠道传递给少儿读者端的信息是一个直接的结果，能够有效降低读者端对于网络浏览器的要求，尽量缩短读者端的访问时间，促进少儿阅读数字资源的过程更为简易化，提高少儿读者的阅读兴趣。

（二）在少儿文献资源建设中充分应用数字影像技术及存储技术

过去，公共图书馆资源在发展建设中容易因各种传统服务条件带来很大局限性，少儿馆藏文献无法实现对全部少儿读者的全面开放。针对少儿文献资料的载体，通常以印刷型文献较为常见。近年来，我国信息化技术不断发展，数字影像技术以及信息存储技术在公共图书馆建设管理中的应用日益广泛，依托以上技术，可以促进图书馆内少儿文献不断数字化，形成不同格式的电子文献。此外，借助高科技技术，还能够实现对少儿文献的仿真处理，再现其原貌，保证少儿能够借助计算机及网络系统顺利阅读到各种图书信息资源。

数字影像技术通常指的是借助数码相机以及扫描仪等针对少儿文献实施拍摄，进行扫描，仅为获取电子影像，避免传统的静电复印方法及热扫描等方法在应用中对少儿文献造成损坏。数字影像技术的应用能够有利于推动少儿文献逐步走向全文数字化：借助专业仪器对各种少儿文献书页开展原文图像扫描，之后再借助 OCR（光学字符识别）技术，选择电子光学设备针对纸质页面上的不同字符实施监测，选择亮暗模式来针对其具体形状进行明确，利用扫描仪对字符形状进行最终确定，再依靠字符识别方法实现从形状到计算机文本的顺利转换。

针对数字影像技术处理完成的少儿文献资源，不但要将其存储在固定设备中，而且需要对其顺利进行传递，向广大少儿读者提供阅读服务。在我国，针对少儿文献信息的存储通常包括五种方式：第一种是借助普通光盘以及磁带进行信息存储；第二种是利用机器光盘库以及机器磁带库实现对有关信息的存储；第三种是借助大型磁盘阵列存储系统，又称光纤硬盘存储来完成信息存储；第四种是借助 SCSI（小型计算机系统接口）硬盘进行资源存储，第五种是采用异地备份存储方法。第一种和第二种在存储操作上十分简单，能够容纳的信息量很大，但是其访问效率处于一个较低的水平，第三、第四、第五种能够有效提高少儿读者的访问速度。

（三）借助信息化手段促进少儿阅读服务的多样化和数字化

在网络信息化进程不断推进的今天，公共图书馆的封闭性环境开始被打破，其信息空间逐渐变得宽广。现代的公共图书馆通常将读者作为中心，综合分析读者的具体需求，科学提供各种服务类型以及服务模式，针对广大读者提供多样化及个性化的图书馆服务。以成都图书馆为例，其少儿读者服务的数字化水平很高，能够实现数字资源的开放，实现网上预约及续借等。在数字化技术高度发展的环境中，公共图书馆能够针对广大少儿读者提供多样化、便捷化的阅读服务，能够反映政府部门对广大少儿读者的人文关怀，促进公共图书馆的进一步发展。

四、依托信息化技术，不断拓展公共图书馆的阅读服务空间

（一）借助文化信息资源共享平台提高少儿图书资源的共享性

各级图书馆在全国文化信息资源共享工程中占据中心地位，图书馆能够借助"共享工程"实现对不同基层服务点，以及各种卫星资源、各种宽带网络等有效共享资源，扩大公共图书馆的影响范围，针对本馆的少儿数字资源进行有效铺设，促进图书馆自身经营管理成本的减少，同时促进各种平台资源容量不断走向丰富化，获得良好的经济效益和社会效益。

（二）借助网上联合参考咨询系统，拓宽少儿读者服务范围

借助网上联合参考咨询系统，能够实现对少儿读者的有效服务，能够克服传统资源服务中易受时间及空间因素影响的缺点，能够促进图书馆服务范围的有效拓展，保证能够正常联网的区域实现咨询服务的有效传递。借助联合参考咨询，可以改变传统咨询服务相对单一的局面，提高图书信息资源的共享度，并针对人力资源进行共享。通过这种方式，不但能够减少经费支出，促进咨询服务水平的提升，而且能够提高不同合作图书馆在激烈的市场环境中的竞争力。借助联合参考咨询系统，可以实现少儿文献馆际互借，提高工作效率，进一步扩大互借范围，提高馆际互借相关少儿文献的质量。

第二节　图书馆弱势群体读者的服务

一、弱势群体

本书中的图书馆弱势群体服务对象主要包括：残疾人、老年人、低收入群体（含下岗工、外来务工人员和失地农民）、灾民、服刑人员（含监狱服刑和社区矫正人员）等多种类型人员。由于篇幅有限，这里以视障读者和老年读者这两类进行详细阐述。

二、图书馆视障读者服务

（一）提高数字化形式阅读的兴趣

研究表明，很多视障人士对数字化形式阅读不了解的原因在于相关管理部门的宣传工作未落实到位，导致社会公众对其知晓率较低。为此，政府管理部门以及图书馆都应当重视宣传，提高视障人士对数字化阅读的兴趣。可从以下两点着手：一是使其了解图书馆的作用。图书馆应当让视障人士意识

到阅览室的作用、服务等情况。二是重视向视障人士推广信息资源。图书馆应及时了解所在地区视障人士的相关情况，并且向其介绍一些共享资源以及网站。还可利用一些助残日、读书日等纪念日向视障人士宣传读书的作用，重点宣传数字化形式阅读。

（二）搭建服务平台，提供数字资源服务

在互联网时代，残疾人如何获取知识、提高自身素质、平等地参与社会生活是全社会都要重视关心的问题。由文化部组织，国家图书馆、中国残疾人联合会信息中心、中国盲文出版社共同承担的"中国残疾人数字图书馆"项目已于 2011 年 4 月 23 日正式开通。该项目秉承信息无障碍理念，研究面向残障人士的数字图书馆建设问题：开展资源定位研究、进行数字图书馆技术指南和建设标准研究、探索资源共享与服务新模式，进行信息无障碍技术手段的开发与应用。随着这一项目的实施及公共图书馆硬件设施的进一步完善，今后公共图书馆的残疾人阅读服务体系将会愈加完善，包括视障读者在内的各种残障读者享用公共文化服务会更方便，公共图书馆将成为残障人士获取信息、学习知识、沟通交流的首选公共文化空间。

（三）提高网络信息素养

研究表明，由于缺乏相关的网络操作技能，加上生理上的缺陷，大部分视障人士难以通过计算机来阅读。大量的视障人士来图书馆都是为了学习计算机的相关技能。因此，管理部门以及图书馆应当重视提高该群体的网络技能，使其形成良好的网络素养。目前很多图书馆都采用单一的方式进行培训，十分枯燥，不利于提高视障人士的兴趣。为此，管理部门以及图书馆应当丰富培训形式，尽可能采用体验方式进行培训。

现阶段，我国很多图书馆均为视障人士开设了免费计算机培训班，主要培训视障人士对读屏程序、电脑等的基本操作。由于视障人群在生理、心理等方面都存在特殊性，因此图书馆应当认真挑选培训老师，确保视障人士真正学习到计算机的相关知识。培训老师应当满足以下两方面的要求，一方面懂得读屏程序、电脑等基本操作，了解视障群体在生理、心理等方面的特点。另一方面，对视障人群具有足够的耐心以及爱心。培训老师应当最大限度地使用一些口语化的语言来进行培训，使视障人士感到平易近人，并且极易理解。在教学过程中，教师应当保持亲切的态度，做到条理清晰，营造良好的学习氛围，进而减轻视障人士紧张、恐惧等不良情绪。培训过程中，老师应当将培训知识讲解得通俗易懂，尽可能不要采用一些枯燥的专业术语，必要时亲自示范，进而及时帮助视障人士解决在阅读过程中存在的技术困难。此外，图书馆还应当积极和管理部门、盲人学校残联等组织合作，尽量鼓励一些具有视障知识的志愿者参与到活动过程中，进而帮助视障人士提高电脑操作水平。

（四）积极鼓励社会各界帮助

因为视障人士在生理、心理等方面都存在一定的特殊性，图书馆需要为视障人士安排培训老师。如果只是对馆内工作人员进行培训，明显不能满足视障人士的需求。为此，图书馆应当主动和管理部门、盲人学校、残联等组织沟通，尽可能赢得他们对视障培训的支持，而且可提高社会公众的关注，获得良好的社会效益。图书馆和高校社团间展开积极合作，鼓励更多具有高水平文化的学生参与到公益事业中，使其在课余时间帮助视障人士。例如，广州地区的很多图书馆都引入志愿者服务机制，发挥大学生志愿者的作用，帮助视障人士展开电脑操作技能培训。再如，浙江省的图书馆十分重视和残联、文化部门等组织合作，积极提供视障培训服务。研究表明，发挥志愿者作用，可为视障培训提供一个良好的服务环境，不仅有效补充了培训老师的队伍，而且能确保该项事业持续发展。

（五）提高馆员的工作技能

由于很多视障人士都缺乏计算机的操作技能，因此需要馆员及时帮助，对馆员技能、态度等方面都提出较高的要求。馆员既要懂得盲用计算机的相关技能，又要懂得信息资源整理方法及设备维护技能。管理部门及图书馆应当鼓励馆员多参与相关的培训，提高其业务水平，真正将阅读服务落实到位。在服务过程中，馆员应当主动为视障人士提供服务，了解视障人士在阅读过程中存在的各种困难；应当了解其信息需求，结合其阅读过程的心理情绪变化，提高自身的服务技能；关注其反馈信息，有利于调整阅读服务方式，确保服务质量。由于很多视障人士存在自卑、敏感等心理，因此在服务过程中，馆员必须充分尊重他们的想法，以热情的服务赢得信赖，与他们建立良好的关系。在交流过程中，馆员应当充分利用心理学常识，最大限度应用一些语言技能。在交流过程中，馆员应当充分尊重视障人士，以包容、平等的态度与其交流，了解他们的性格、心理情绪、爱好等，结合具体情况进行服务。研究表明，倾听是提高阅读服务水平的有效措施，在阅读服务过程中，馆员应当主动和视障人士交流，构建相关的档案，必要时进行随访。只有热情为视障人士提供高质量的服务，才可帮助他们走出心理阴霾，享受到阅读的乐趣。

随着信息技术的迅猛发展，网络渗透人们的生活以及工作中，并且可帮助视障人士创新阅读方式。要想为该群体提供可持续、高质量的阅读服务，图书馆应坚持不懈努力，强化管理部门、残联、盲人学校等组织的合作以及交流，不断提高自身的服务技能，探究高质量的服务，满足视障人士的阅读需求。

三、图书馆老年读者服务

（一）老年读者类型

1. 消遣休闲型

图书馆环境大多比较宽敞明亮，特别是比较安静，适合多数老年人好静不好动的特点。加上报纸杂志丰富多彩，上至天文下至地理、国内国外大小事情，均可不出馆门而知晓。因此，吸引了很多老年人到图书馆来寻找适合自己口味的报刊。每天早上最早的读者，几乎都是那些老年读者。他们把去图书馆当作每天必做的功课，认为既可以调剂日常生活，又可以了解国家大事和天下趣闻，还可以陶冶情操，获得美的享受。

2. 充电型

充电型读者经常来图书馆主要是在于了解信息，更新知识，不断充电。然后帮助一些单位和个人攻克技术难关，解决技术难题，甚至取得了不少技术专利。从中自己也赢得了可观的经济收入，由此他们提升了自信自尊，活得潇洒，同时也提高了自我保障的能力，图书馆使这些充电型读者在此获得了精神和物质的双赢。

3. 学习型

这类读者多为已经离开工作岗位的老年人。他们是为了更新知识，开拓新领域，他们有勤奋敬业的精神，广博的知识经验，好学不懈的干劲，"活到老、学到老"是他们生活的信念。

他们到图书馆阅读书刊，同时也为了解决工作或生活中的具体疑难问题，有针对性地吸取和利用现有的科学技术知识。例如，一些老年读者是盆景、家电爱好者，在栽培花草、维修家电的过程中遇到问题就到图书馆来查找、借阅有关资料。

4. 爱好兴趣型

不同年龄的老年读者，各自的阅读兴趣也不相同，有的喜欢阅读历史类的报刊，有的喜欢阅读时事政治类的，有的喜欢阅读书法、绘画类的，还有的喜欢阅读生活常识、医学保健之类的报刊。大部分老年读者有投稿的爱好，他们来图书馆是为了了解各种报刊的稿件的需求。

（二）老年读者阅读心理

1. 习惯性心理

很多老年读者在未离退休前，就喜欢读书看报，特别是一些离退休干部，他们在职时天天看报、读书，养成了读书看报，关心政治时事的习惯。离退休之后，图书馆以其订购的丰富的报纸杂志理所当然地成了他们继续保持其习惯的场所，一旦他们养成了在图书馆阅读报刊的习惯，常常会日复一日年复一年地保持下来，这就是老年读者队伍相对稳定的一个重要原因。更有甚者，他们来阅览室常常有固定的时间、固定的座位，甚至固定阅读他们所喜爱的几份报刊。图书馆需根据他们的这些特点，有的放矢地开展一些特殊服务，例如，设立老年人专座。

2. 社会交往心理

老人在离开自己工作岗位后，虽然衣食不愁，但常常感到孤独寂寞，他们希望加强交流，希望同社会联系，具有参与社会生活同他人结成新的群体的社会心理和联系的愿望。而公共图书馆由于它是公共性的公益性的文化机构，恰恰能满足他们的这种心理需求。老年读者由于常在图书馆见面，逐步从陌生到熟悉，进而发展到互相问候、互相交流，图书馆成了他们之间相互交流联系的一个中心，成为他们同社会联系的一个窗口。针对这种情况，图书馆也可为这些老年读者设立单独的阅览室，允许他们在读书看报时，各抒己见，发表看法，允许老年读者互相交流。

3. 渴望得到尊重的心理

越是年龄大的人，越是渴望得到人们的理解和尊重。对老年读者，图书馆工作人员要给予特别的尊重，服务要热情、周到，他们进馆就应热情地打招呼，问候他们，让他们觉得亲切、温暖，有宾至如归的感觉。

4. 偏激心理

有些老年人因为自己年龄较大就对别人有更高的要求，总是希望得到他人的敬重、关心和照顾，而较少顾及他人及社会的实际条件和能力。当这种希望得不到满足时，又加剧了其心理上的偏激，因此有时会对工作人员产生不满，与其他读者之间产生矛盾。这种情况，需要馆员做好与读者的沟通工作。

（三）发展策略

1. 加强图书馆环境建设

图书馆工作人员必须从思想上树立以人为本的新观念，一切以读者的需求为准则，为老年读者提供温馨的学习环境，这是对老年读者最大的尊重。图书馆的建筑设计要有浓厚的人文意蕴和时代精神，内部环境设计要格调高雅新颖、亲切，使人感到舒适、赏心悦目，窗户采光、灯光布置、墙壁色彩和装饰物品的摆放，阅览桌椅的高低程度都要以人体感觉舒适为前提，让老人在这种典雅、舒适的读书氛围中体味美的感受。这样老年读者一定会流连忘返于图书馆，尽情享受书的馨香，感受人与人交流的温情，找寻图书馆人给予他们的至诚的尊重和关爱，体会人与信息之间交流的自由空间和图书馆的舒适服务环境。

2. 调查老年读者的阅读兴趣，做好藏书建设

老年读者是图书馆特殊的读者，他们无论在生理、心理上都需要图书馆给予特殊的照顾，因此，在购置报刊图书的环节上，做好老年读者需求的调查研究，是十分必要的。老年读者大多已从工作岗位上退下来了，他们没有工作压力，平静的晚年生活里，他们需要的是怎样让每一天都过得充实、快乐、健康。他们关心社会的发展状况，仍想紧跟时代的步伐，他们关心自己的身体健康，希望长寿永远，还有的老人仍想不断获取新知识，积极参与社会活动，充分体现人生的价值，可以说老年读者对文献的需求是全面而有群体特色的。因此，图书馆对老年读者的需求应多做调查研究，在报刊图书订购的种类和数量上对老年读者多加照顾，尽量满足他们多样的阅读需求，从

而吸引更多的老年人加入图书馆的借阅大军中。

3. 设身处地，提升服务水平

图书馆工作人员必须树立全心全意服务老年读者的思想观念，为老年读者提供方便快捷的服务，最大限度地满足老年读者的需要。

图书馆全体工作人员都应该开动脑筋，积极思考，进行必要的改革，全面提升服务水平。在日常的借阅工作中，图书馆应体现出对老年人特别的关怀，如报刊图书的摆放要让老年读者选取时安全、方便，阅览室要设老年人专座，还要配备老花镜、放大镜等老年人专用物品，电子阅览室的工作人员要对老年人提供更加细致、耐心的服务。对那些行动不便的老年读者，图书馆可以改变服务方式，如电话预约、送书上门等，灵活温情的服务体现着对老年读者的尊重和关爱。

4. 协调社会各界，共同做好老年读者的服务工作

现代社会生活流光溢彩，现代知识丰富多样，老年读者也不会满足单调地获取知识的方式，这就需要我们不断采取各种方法调动他们的求知欲。因此图书馆应加强同老龄委、老年协会及其他社会组织的联系，和这些组织共同探讨服务老年人的方法，为社会多做贡献。为活跃老年读者的文化生活，图书馆可以和老龄委共同定期举办各种文化娱乐活动（如老年诗歌朗诵比赛、老年书画比赛、老年征文大赛等），在活动的开展中，不但老年读者可以在相互的交往中丰富生活，获取知识，而且图书馆也可以扩大宣传，争取更多的读者。另外，图书馆还可以组织老年读者外出参观学习获取知识，并积极引导他们到图书馆进行扩展阅读。这样，阅读和娱乐紧密相结合，从而让图书馆的阅读活动变得更加活泼、生动。

总之，服务好老年读者是社会发展对图书馆提出的必然要求，服务好老年读者这一特殊群体将是图书馆长期而光荣的任务。我们相信，只要我们坚持"读者第一，服务至上"的工作宗旨，图书馆一定能完成时代赋予的光荣使命。

参考文献

［1］ 蔺丽英．公共图书馆与阅读推广［M］．北京:光明日报出版社,2015.

［2］ 腾和泰．图书馆阅读推广与信息服务研究［M］．汕头:汕头大学出版社,2022.

［3］ 陈燕琳．新环境下公共图书馆的阅读推广［M］．长春:吉林人民出版社,2021.

［4］ 王余光．图书馆阅读推广研究［M］．北京:朝华出版社,2015.

［5］ 张枫霞．图书馆读者服务［M］．北京:海洋出版社,2009.

［6］ 王金．图书馆读者服务与阅读推广探究［M］．长春:吉林大学出版社,2021.

［7］ 姚新茹,刘迅芳．现代图书馆读者服务［M］．北京:海洋出版社,2006.

［8］ 王静．图书馆读者服务与管理研究［M］．长春:吉林科学技术出版社,2019.